林中歌

晋家孟 ◎ 著

长江出版传媒 长江文艺出版社

以此献给青春、故土以及爱人

晋家孟，1989 年生于昭通威信，求学于汉语言文学专业，游走于云南，写文讲学。2003 年前后开始独立写作，作品散见于《北大门》《玉溪》等刊物。

"遥知不是雪"

王东位

屈指一算，与家孟相识、相知，已有10余年。家孟是我在学院读书时的校友。他比我低一年级，是学弟，我们同在文学院，又是威信老乡，自然就走得近。因为爱好文学，我们又同在"小荷文学社"学习、共事，关系越发亲近。他在高中阶段就已开始写作诗词了，其诗词造诣令我极为佩服。后来，我先毕业工作，听说他以面试第一的成绩考进体制，认为他这是"得其所哉"。未几，突闻他毅然辞职，赴昆明谋业，从事公务员培训。其后，各忙工作，奔波江湖，往来渐少，然向时情谊犹萦萦于怀，不曾稍减。前几天，他发来他即将出版的《林中歌》的书稿，并嘱我为之作序，着实令我既欣喜又惶恐。我乃籍籍无名之辈，又恐力不能胜，然"却之不恭"。

古人言"诗言志，歌咏言"。收到书稿后，我便迫不及待先睹为快。看后，我备感震惊和心生感慨。思忖良久，方敢动笔。在我的心里，家孟如同佛家的在家居士，身处世俗的熙攘中，他有自己的晨钟暮鼓，有自己的清音梵唱。他的多首诗作，文采斐然，珠圆玉润，似山间溪流涓涓而前，如沃野大河汤汤而来，其波也清，其声也壮；又宛如山野隐士，荷月长歌；仿佛世间哲人，倚窗沉吟，其思也深，其情也诚。孔夫子说："诗，可以兴，可以观，可以群，可以怨。"家孟的诗，虽不敢与经典相抗，然仍不失为难得的佳作。书中200多首诗作共分为五辑，讲述了他从高中到现在10余年的青春岁月，有青涩的步履，有奔波的身影，有旅途的浅唱，有异乡的愁思，其内容之丰富，实为难得。这些诗作有的表达对家乡的怀念，有的描写远方的美丽风光，有的沉思对现代文明对传统生活的冲击，有的悲悯个人命运的无常，有的书写爱情之美，有的书写自己内心的坚守，其语言之精妙，实为难得。读着他的诗，仿佛在秋天雨夜，听一个友人讲故事，娓娓道来，妙语连珠，所讲的每一个字、每一句话如那深深浅浅的雨声，似那疏疏密密的雨滴，每一声都进入耳朵里，每一滴都落在心上。"我似乎还年轻/把眼泪化作诗句示人。"你听着他的讲述，不知不觉间，你也为之情动，为之沉思，为之不眠。

写诗的人，内心是孤独的，读诗的人，却是极为幸福的。莫道不沉醉，有暗香盈袖。走进他的诗行，"桃李春风一杯酒，江湖夜雨十年灯"。

"多少时光/也经不起沉寂"。愿家孟词情常在，诗兴永驻！

于红色扎西

目　录

第二辑　林中路

第一辑

尘世间

乡愁变

沉寂的钢琴和声，幻成落日，
年轻人的西服，皱作梯田，
地铁弛进黑暗，
新生马驹飞奔在最后的田野。
一场老家的病痛，弥漫在人心背后，
不管是刚刚走过的红衣女子，
还是浅醉夜归的男人，
对着荒原和故土，
带着各自的冲突和宿命。

小资姑娘，衣服干净，
正和我谈乡村、故事、结满蛛网的家神，
沙发上的躯体彻底放松，
梦里有吊锅、条凳，
孩子脸上的锅灰泥土，
变成她的异域风情，
唯有窗外春风呼啸，
爱与痛都是一样的呻吟。

光阴啊

美人斜靠在黄河两岸，
孤寂的影子还留在故园的山窝里面，一马平川。
有些相爱，有些婉转，
面对归于现实的内心，
丝丝牵挂，却一点不纠缠。
行走的蝼蚁爬过北方的沙砾、南国的花朵，
直到三百年后，变成无主荒坟，
直至尘埃碾过了马蹄，风月覆盖了胴体，
红尘游戏，毫无知觉。
山深处，我的影子还在沉睡，
沉湎开花的竹林、西风与乱石，
透过雪花、冬夜、呼吸的烟火，
那细腻的情与痴，
透过光阴的旋转木马，
打听到我即将抵达昨日。

大理诗稿

（一）

民俗被大雨尘封，
欢笑最终化作一场夜雨，
孤馆驿站横陈一顶云色。
短裙仿若山风烂漫，痴汉捻断几茎寸须，
夜晚交尾、喊叫在洁白的深海，
白天淡泊如处子，独立在静静的南桥。
一个年代的生老病死，
留下一具放在湖底的枯骨，
风吹动似是而非的影子，
向小资情调的少女身后离开，
青山明月埋葬在地层和深海，
只有欲望和现实从不曾离开。

（二）

受惊的母狼飞奔过荆棘，
山江盘渡的深林，
情夫直追到丽江，
才能解下微开的外衣，

虚耗的身体，泡入溶溶月色，
变成发肿的萝卜。
众神为我摊开的原野，
只停留在别人的来生。

致远方的少女

在梦境之中，我初见你，
你站在前世的庙会香火之间安静祈祷，
暖风在阳光里面，悄悄把发丝缭绕，
浅笑，渐隐在被刘海遮住的眉梢，
腰肢，摇曳在微风抚弄的春晓。
在屏幕上，我又见你，
你游走在滇南的城市之间，
现实的埃土，飞扬在你经过的路旁，
冬日的筵席和冷酒，浇入沉重而光焰迷离的黑夜，
疲惫的内心湮没了微笑，
你在千里之外的欢笑和泪水，
诉说、挣扎和爱怜，妩媚而又寂寥。
假如真有那么一天，我最后见你，
就在细雨如愁的街头，
就像久别相逢，倾尽我一生的缠绵眷慕，
听遍你深夜的山雨如潮。
你是南风，是薄雾，是焰火，是妖魅，
是孤峰之上的云雨潇潇。

回乡记

暗云掩盖在群山，
冬草在年关的风色里面，
泛黄、干燥而又温暖，
就是一匹白马躲在竹林外的麦地。
山烟燃起在最后的田园，
黄雀飞过仅有的青瓦泡桐。
姑娘的命运，交付得随心所欲，
动人的故事，
在深沉幻变的故土上从未发生。
长眠的故人，
把生命献给一场癫狂的葬礼，
失忆的祖母，
自说自话谁也不懂的前世今生。

风吹在会泽

一片原野之下的城市，
野马跑过高原的历史，
谁都在试着去遗忘岁月，变成车祸与呵斥，
入秋了，
草原依旧一贫如洗，
面对贫瘠万般的辽阔，
面对未知的狗吠鸡鸣，
沉在河底的哀愁，
伤感的故事，
开进蓬蒿和阴雨。

中秋无题

灯火缭绕在我的周围，
飞机尾翼掠过溶溶铺开的月色，
深夜拴烟草的煤石灯火，
融于荡漾之水，
迷离半醉。
微云抹入天色，
嵌入孤悬之月，
审视市井街头时光如水。

秋虫哀弱，
我看见自然之子躺在老屋门前，
春笋满布冰凉的水泥地，
夜夜清歌。
烧草木灰的味道还在地里，
国道边上的歌厅，
曾经的村姑正在哭泣。

山亭，清风如故，
木制栏杆，
倚靠着半生的回忆，
它的少女，在深林为它拴上红线，
它的年少，跟着野猪拱走落叶。

可故事里面，
少女总是面对流水和月光，
纨素青丝，
哭泣在离别的晚上。
八月十五的斗南
弦歌已静，
岚云已再掩不住月光。

时间墙

时间墙的片断，
姑娘出嫁身穿暗淡的红，
土路被阳光晒得干燥而又芬芳。
地层深处的脉矿，
都被填进一朵烟花，放在山村头顶，
北风呼啸，陨石和野火如内息一缕，
野鸟和走兽，融入你我。
骨骸与丛林，烧在半空，
点亮山峦与命运，
到如今，获得就已抛弃，存在随即消亡，
不同的灯火照亮年年思念的长夜。
万物速朽，
将岁月蚀刻于千里流沙，
消磨了多少相爱和血泪。

为了见你

为了见你，到处都是熟悉的城市

在东山，

我放下一座酒肆，用大碗喝酒等你，

叫别人用河水把阳光荡漾在晾衣竿上，

我让它静静流淌，

预知明天风来的方向，

阳光是我们的，南风是我们的，河水飘在风中像是一道青绸。

在西海，

我们边走边吃着六块钱的麻辣烫，

我放下一条村街等你，

背着背篓的柴火和牛羊下山，

红灯笼照亮女人小家碧玉的春晓，

街道是我们的，高楼是我们的，行人只是刍狗。

为了见你，命才是命，回忆才是回忆。

昆明行

没有美人的卧铺，
双轨在隧道里面回声空旷，
我透过飞机的舷窗，
青藏高原远在山崖之上，
横断山脉消失了，
变成满川青葱夹杂乱石的野花野草，
常想荒无人烟的美好事物，
坐落千年却无只言片语。

城中寺

时间在水边上流动，
满城沙石搅动阳光吹着满城风，
暖秋照在头顶，跨过石板举轻若重。
大路截断半个城市，
走过死去的魂魄，盗窃的双手，
时间在车轮的丈量下走得飞快，
前一步年少无知，后一步来世相逢。
燃烧的香火和车摊的油烟，如你虔诚，
只因生活疏荡，才显得认真。

旺盛的香火，面对一群自我否定多年的信徒，
人与神的目光在这里交易，
梵钟渲染了故事，香烟抚平了隐忍。
有才华有心肠，
从未在许愿树上留下只言片语，
缺女人缺功名，
仍在求签筒里审问半生飘零。

偏房庭院，城中寺回归了宁静，
水龙头、沙包和晾晒的衣服，
还有一脸愤怒赶人的高僧。
屋檐割据光影，

照片在逆光，草木虫鱼在放生，
天空是一件蓝布衣裳，
崇高与冲动在细碎的光锥之内，不见方圆。

我不皈依，只是来消遣，
上天正在我们面前玩命表演，
多少疼痛，也要在人间。

无　题

十年几度阳春梦，二月烟花绿满河。
黔地青山回夜水，乌蒙宿雾舞长戈。
鸳蝶空谷缠绵尽，草絮荒城悔恨多。
一枕山河来人梦，当时岁月未蹉跎。

冬夜归朔风感怀

城南井肆浑如睡，素月花前待客归。
冰封燕岭乌煤冷，雪驻溪桥玄鸟悲。
孤帐山风吹日落，荒坟野火伴云飞。
岁寒不见佳人貌，何处相思不泪垂。

冬阳惨照寒山水，草甸乡云止若行。
白日屋檐三竿尽，青川草垛十泉鸣。
风湖渠水梨花路，日月云田素面人。
天南不看人间事，只问青山不问情。

路过朱家花园

墙头上，印记还在，
油灯照过的夜晚，听起来很美，
生命，困于时代之网，
宗法礼仪，绣帘花枕。
生死离乱在算盘上跳动，
荣耀荒年在渡口流传。
一堵石墙之中山草死去，
晴光半壁白骨满地。
岁月铸城，边角料依然耀眼，
阁楼之下，芳心孤寂。

我是白茅

我是白茅
开在荒年的山头地角
他眼中，我含混于秋雨，
于风中散出，小品文一般轻寂的嘶鸣。
是故事，精致如帐内群蚊出没，
是故事，独立在夕光渐灭的沉影。

我身上流着透明的汁液，
雪白的絮子脱落末梢的瞬间，
风一层层从头顶掠过，缠绵如水，
无数个昼夜，永不终结的盛宴。

每一场天灾，消弭于一次成长，
唯一的诗意，是等风来，
身体飘荡，灵魂乱窜，
带着不知所至的自由，震颤叶脉之间的呼吸，
相比于泥土，此刻最为庆幸白茅是高等生命，
会运动的茅草，是我们永远的神，
风不来，它们也有诗意，
震颤叶脉之间的呼吸。

但我已枝叶枯萎，由青返黄，

每干枯一处，带着麻木与疼痛，
渐渐失去知觉，
阳光如水，再不能透过枝干融入身体，
心藏于厚土，水汽已冷，
我用根茎用力吮着食粮，却无能为力。
我是白茅，我开始老了，
我的根茎叶花果，正离我而去。

我想你

我想你，就像我想那个熟悉的谁，
每当我在初秋独坐黄昏，
山峦如眉，眉弯如你，
你说我会怎么想你？

那些停电的晚上只有烛火油灯，
相拥听山雨吹来，
一点一点散落窗棂。
你说我会怎么想你？

当城市的天桥走过被我忽视的昆明，
柴米油盐淹没在车水马龙里面，
你我相逢在悲喜交集之处，
我说我想你。

等到一路桃花开遍，
放下不解风情的讲义，
听布谷叫了好几天，听得泪流满面，
我说我想你。

2017 年 8 月 21 日

乌蒙苦雨

这几天，那边又开始下雨。

记得在一个又一个的三月里，

我带着你看燕子屋边飞去，

细雨落到南坡矿洞，直到泡桐开谢。

在一个又一个的四月里，

我将看春寒随着河水，

牛骨木窗外，风吹来，山雨带红泥。

在一个又一个的六月里，

放过牛的山丘满眼青绿，

割草回去的你，刘海上带着点点山雨。

粗瓷在八月的碗底变成竹叶，

秋雨在九月的白茅尖像是想你，

板栗扎破春天湾十月的双手，

冰雪在十一月的林中簌簌响起。

但是，你依旧没有飞来。

长大了，我们只剩一场乌蒙苦雨……

从未去过南方

我去过南方的城市，
我又从未去过南方的城市，
高楼似乎在哪里见过，

车流似乎在哪里见过，
甚至姑娘似乎都在哪里见过。
秦淮就是秦淮，秦淮不是烟雨，
福州就是福州，福州没有镖局。
城市中，
一间房屋，用来盛装无数人毕生的奋斗，甚至爱和愁，
乡村里，
一方坟墓，周围都是万顷旷野。

最后还是云南美啊，
就像丽江不仅是丽江，也不仅是艳遇……

风吹过城市

城市的灰尘在夕阳下飘动
流动的画面
流出干涸的春水
五光十色却索然无味
风吹过来
散落成命运、生活、寂寞、卑微
或一地烟灰

你把白雪藏起来

星河可以映在水上
晴光可以照在夜的深海
每一分天色打开碧蓝的眼睛
河北的风尘满脸都是
青春之河在流泪的脸上溢开
寒风吹走枯枝
你把白雪藏起来

南方的来信

用一封信告诉我一个故事，
不小心就用了三页稿纸，
看着草木在你的笔下葳蕤，
白芷花开进了月影，
泡桐花撒落在乡场，
蒲公英吹到了天上，
人情渐渐丰满，就像微微打开的衣裳，
那纸间的眼泪，
与南来的山雨搜刮着相思断肠。
你还忙吗？南方的姑娘
每当车间的灯火熄灭，春风沙沙地吹进瓦房
我想陪你说一说，
那永远回不去的故乡。

2017 年 5 月 18 日

岁月容易凋零

当故人一个个离去
不再伤感
却会无泪到天明

想起十七岁开始荒芜初恋
荒芜毕业就打工的身影
二十七岁荒芜来了又走的同事
荒芜去了不再相见的人
听惯了噩耗、沉沦
见够了浮躁的人群、可爱又无趣的人生
直到万千相逢又素不相识

岁月是凋零的花
青春荒芜得只剩我和我爱的人

2017 年 5 月 2 日

春城秋冷

乡村蔓草，
迎着穿乡而过的绿皮客运车灯，
高原的迷雾，
陪伴穿着羊皮马褂、
一片片老去的村人。
细雨落在玉米地，
河边的零食袋，堆于灰土，
或冲下礁石，
静默的画，青山在群峰中暗下来。
城里天桥下，
下班的人泡在雨里，
流浪狗，风和一片片的一字眉。
每个人身后，
连接着一方潮湿的乡野，
电话约定的归期。

我是春色我自顾

你看火车驶过原野，
姑娘穿过银杏，
小春遍地，野花成行，
曲江小站张目等候的人群，
谁是人生谁说苦；

十点的阳光照过矮树，
豆架竖起，桃枝半亩，
你看火车穿过山后，
姑娘生死未卜，所幸春光明媚，
我是春色我自顾。

2017 年 2 月 23 日

广州记

记得二十岁，
在广州度过一整个夏天，
只身藏在工业区废弃的厂房。
大汗淋漓的时光，
草皮踩尽的公园，
陪伴着歪嘴的姑娘。
榕树荫下，
早饭一般是炒米粉，
添点醋，便沉郁芬芳，
添点可乐，便铺开了西洋风光。
工业区依旧阴沉，
死而不僵的流水线，
等大了青春，等老了爹娘。
如今，只有沙县能炒到米粉，
仿佛每一间沙县小吃都藏着一个南方。

2017 年 3 月 21 日于山东

新乡村谣

摇动的双轨，
与乡间的菜花 rap 起南风。
村痞的短刀，
在腰间曳动。
旧机车老在山下，
时光成坟，
一场山雨，一场旧梦。
多年城里回到家，
土墙孤村，
祖父的火枪正草莽，
依山傍水正宜找情人，
寂寞欲成疯。

2017 年 2 月 23 日

车过建水

鸟月山下，
田野的空气吹自南洋，
黄白房屋添着黛色，
与丘山隐没。
风吹白茅，诗经与佳人，
遗世独立犹有爱情，
春水漫延，
田野依旧没有尽头，
春水也无尽头。

从我身边走过的姑娘啊，
三十岁的男人，
也愿和你相逢于青黄交接的庄稼地，
命运沉浮的瓦屋平房里，
今夜，就在野马走过的滇中田野，
忘记正装掩盖的岁月，
接吻在人心背后，
暖夜睡去，灯光亮起。

2017 年 2 月 16 日

秋　雨

我从九点的秋雨深处走来，
车灯擦亮夜雨，
衣裳单薄，像是一场雪。
放牛的山风发凉。
凉了多年的灶火，
依旧在瓦屋里死灰寂寂。
年少时，才能真正回顾自己，
很轻易就陷入一场秋雨，
一冬夜雪，为谁哭泣。
年少总有灵力，花月为媒，
满是神迹。

步行街

日光映照浅水之中，
堆砌青苔泡沫。
空旷的出租屋拉响二胡，
车水马龙，自鸣并莫名言说，
想美丽的女人从我身边一趟一趟经过，
但是我只爱睡在落叶堆积的林中，
山坡常有春风吹来，
想美丽的女人从我身边一趟一趟经过。

微微起伏男人心

孤军向北的火车，
带着一群疯狗，改写命运。
窗外灯火浮动，搅拌乡愁，
烟花无声，
记忆的婚嫁，伴随着淡淡火药味。

铁轨轻轻摇晃啊，
伴随着离别的欢呼，
风沙吹出的眼泪，
人间百味。
一车沉默的心事，无人知道，
美人坐在十六座，谁人不知？

致少女

想起你就想起少女
少女的芳菲
飞逝的萝莉

就算是动漫，也应该在二月的河边
听泠泠的流水
可爱却又沉寂
就算是美颜，也应该在八月的山中
让秋风来瘦脸
让月色来磨皮

可现实里面
你总是相伴二次元的飞花
三次元的落叶
前台的风和幕后的雨

然而值得庆幸的是
归人过了年关，就不再是归人
少女上了年纪，还依旧是少女

2018 年 2 月 25 日

致杨梅

五月的南风没有吹到乌蒙，
杨梅就落了，
人间岁月，寂静无声。

于是朋友圈再也没有广告，
没有功效，没有统一回复，
于是听见月光下掉落的声音。

只有这个时候，它才是杨梅，
在山中安坐，在雨季飘零，
小兽叼走，果核撒在了漫山遍野，
行人摘去，掩盖心中的道是无情。

花开一月，人活一生，
当完成一棵树的使命，
剩下大半年的日子，
随风袅绕万千姿态，
归来陪你独立黄昏。

急诊科的姑娘

午夜的急诊一点不急，
甚至慢出一分从容，
云大医院人头、脚步和影子，门庭若市。
嘀嘀的心率在病房起伏，
平日沉默的生命，
在此刻打开外放。
查出绝症的姑娘，
蜷缩在墙边，哭得像一只小狗，
我和你打情骂俏，谁输谁也是小狗，
她淹没在奔忙的人心背后，
人们忽略了她，就像她忽略了她现在的美貌。
四点整，离开医院，
正好一朵烟花在天际绽开，
生与死，不过是流光溢彩背后的尘埃。

同 情

只有在那个时刻，
小城故事才能融化坚冰。
只有细雨洒落屋梁，
才能感受寂静。
就像南方的工厂，
混乱之中才是流失的青春。
就像这个时代残破的片断，
每一片都落在商业的土地。
对于美历史的同情，
美的语境，只需片断就足够。
柔情缱绻，
在目光中绽露，
风刀霜剑，
在繁华中隐现。
天桥上灯火万家，
旧信上半抹云霞，
你懂就好啦。

冬日思平镇明志

荒山犹在侧，风雨墓前碑。
平镇新如故，离人去又回。
我本啁啾鸟，不是园中葵。
嘤嘤人语暗，默默独南飞。

2018 年 1 月 3 日

岁末长歌

其一　含混

我含混于阳光和飞雪，
在诗人和现实之间模糊不清，
千流百转的风景总与微黄的想象相遇，
月光如水从不掠过爱人的眼眸，
但一定会掠过晚点的飞机。

你也含混了尘埃与风雨，
你是母亲也是少女，
你是妖媚飞霜，转眼零落成泥，
你满身青涩，又如此熟悉社会规则，
你出身卑微，却天天奔赴聚会。

时代皆是含混，
你是英雄，却不是英雄；
你是美人，却不是美人；
你是歌者，却不是歌者；
只盼来年，
英雄就是英雄，
美人就是美人，

歌者就是歌者。

其二　自解

黄昏之下的山峦随我走遍云南的土地，
山河的炽热与冰冷，人间的欢乐与悲戚，
百千次相逢，又死别生离，
千万人起哄，又悄无声息，
我会言说，但我更会沉默。

渐渐地，
原谅古城酒馆无端的愁滋味，
原谅神汉身上微醺的汽油味，
原谅少女身上淡淡的烟草味。
风雨如晦，最终归于沟渠，
汇成溪水，随着江河渐落，
流入异乡人温暖的泥沼，
融进抑郁症冷漠的心扉。

一天就看一条河鱼，方寸之间自由交尾，
一天就看一树银杏，西风之下随处飘飞，
人间烟火，
在走不出的宿命中跌宕迂回。

多少你我，
不怕棱角分明，

只怕时光如水。

其三

回到家乡见到你的初恋，
带着孩子，
背着背篓赶集，
我帮你打了招呼。
屋檐只剩一角，
檐口的冰柱在阳光下消融，
雪水一点点落下，
风在瓦上沙沙吹过来。
老磨盘、旧水缸还在，
在石头边上，没有布景，
没有放在客栈，初心还在。
泡桐树早砍，
泡桐花不开，只有木桩还在，
夏天还能长青苔。

前朝事，还在剿匪日记中见端倪，
老兵就知道喝酒，
地痞受了刀伤，头发花白，
老汉带着孙子，沿街叫卖，
一直到正月十五的香灯，抢个鞭炮，再也想不起来。
全是旧人，与我送流年，
全是旧人，精力不足有事心头摆。

其四

少女解衣，隐入山中，
野马扬鬃，走过田园，
风尘住，藕花路，九月入斜谷，
水边日头正盛，青蛇半死伤心如故，
乡绅还在惦记二房，
少女早已融入流水，青丝半染正是奶奶灰，
曾点还在，铿然舍瑟春风里，
土路繁花，铁匠补锅挑担过，
烟火人间真如素。

出东门，正黄昏，
妖媚飞霜，都在你身，
和孩子们游戏，和大人们曼舞，
灯下的你红了脸，灯下的你伴人眠，
庙会鱼龙混杂，情僧半瞟众生，
光焰迷离的上古酒吧，柴火做跑马灯，
谷仓之中，有饮食有男女，
烟火人间正销魂。

其五

失眠席卷城市和乡村，
时光难静下来，

天地万物躁动，
天空卷曲压过来，
无关紧要的事情蜂拥而至，
布面铺平又皱褶，如此反复。

缝补拾掇，满地全碎玻璃片，
焦虑和紧张，在沉默的人心深处，
如同风死去，火还在延续，
就算花开的季节，
却因为数不清花朵而哭泣，
每个人随风飘荡，
天空下还有树枝纸袋，不明碎屑。

唯有光，发于黎明，
让人沉静，继而慢慢清醒，
掠过山头地角的记忆，
掠过童年的河水，
经过暗恋的苦涩，
照亮寂寞的空气，
看见尘埃飘在空中，
绰约，袅娜，
精约，飘转，
把梦回还，盼你归来……

乡篱小阕

野花已死，
春心照入尘世之镜，
火光已成旧梦，寂寞而又冰冷。
爱与怕，
悠悠今世，何处来生。
不能想象，二十年前山村燃起的烟花，
百般明媚更换了河水，
唯有年轮至此不回。
漂泊的年轻魂魄日渐稳重，
但依旧无处可归。

风如故，意稀疏，
晴光坠落于渊海，
菜花落在闭山之间，
十二岁的荒蒿在梦里如故，
爱情消失于大理的山水，才叫解开衣带。
羞耻在于衣冠，不在人心，
我爱你，就是缘分，
在车程影像之间永恒，
山风与世道人生，含混草木人神，
直至风景变成碎片，
被风湿粘合，像是被捏碎的一生。

木鱼声声慢

菜市场将新册寺庙围困，
红墙渐渐褪色，
油灯照亮许愿池的余波，
虔诚和心愿轻轻沉塘。
金鱼内心焦躁，
却游出他人缓缓的时光。
就像我，总是用彻夜的无眠，
用束缚换取仅有的自由；
就像你，抛洒十年的青春，
去相爱或失恋，最终空着双手。
我们浑身赤裸，穿着情绪的单衣行走，
命运好慢，白云终不是苍狗。
时光机最终还是将生活碾碎，
寺庙的木鱼，
仿佛人世漫无意义的跫音。

春日迟迟

等了一天直到天黑，
才知道什么是春日迟迟，
我能看见白日在拉长，
似乎有准确的刻度，
响着滴答声在心头走过，
每一声都需要去感受，
去辨析去明确它归于何处。

心事了了，
等了一天直到天黑，
才知道什么是岁月难忘，
我能看见水在流淌，
似乎有空寂的声响，
响着淅淅声在相忆漫长，
去感受去体会它痛在何方。

仔细想想，
中年的苍凉，是真的苍凉，
再也没有美人听你的故事，再也不能在 KTV 唱哭姑娘，
只有皆不可追的遗憾，
只有皆不可待的迷惘。

2021 年 5 月于丽江玉溪

中秋之夜

家往西去，人向东走，
从昆明到苏州再到上海，
人间烟火处，

洗脚妹子故乡甘肃，
外卖小哥故乡湖南，
滴滴司机故乡山东，
装修工人故乡贵州，
和他们相会总能把我拉回现实。

老到的手法背后，
总能看见冲突和隐忍，
粗粝的过往，
虚耗的青春，
南方的工厂，
霓虹总在夜深人静，

生涩文明的语言，虚荣掩盖的身份，
经常让我忘记，
这是我失散的兄弟，没有相认的姐妹，
以及共同记忆中那些，
少时看过的月色，

电话约定的归期。

2020 年 10 月 1 日

半日游山有感

百里中甸暮云收，春风岁月入闲愁。
龟山梵语使人静，街路情歌逐水流。
山上毛桃花似雪，寺内诸佛影如钩。
红尘儿女痴情早，谁与山僧到白头？

2019 年 4 月 27 日

中秋有感

年少空山逐月华，轻歌野火不还家。
萧萧风竹垂流水，款款红装扫落花。
散酒粗瓷听旧事，耕牛野鸟伴桑麻。
而今心事寻无迹，秋水夜深正无涯。

2019 年 9 月 13 日

春风如素

野蔷薇开着，野樱花结子。
青春已经身为人妇。
时光旖旎，身边人总会念出不成行的诗，
或形容，三月溪边，
远山曲折日光，男女奔走不禁；
似乎是，平原秀野，
三五田家少女，群歌似远似近。

只因为春风如素，
好掩盖凋零的空村，出走的背影，
虚耗的岁月，渐落的青丝，
白发的娘亲。

怕余生漫漫、春风如素，
用繁花装点土路，用归燕陪伴耕牛，
以夜雨陪人入夜，以岚云守候黄昏，
为天桥的浪人吹走灰尘，
为丑陋又孤独的青年吹去初吻。

怕余生漫漫，百计思量，
唯有相思似春色，
江南江北送君归。

雨歇出游有感

芙蓉塘外有轻雷，犬吠清宵人不回。
点点乌煤烤冷炙，杯杯浊酒撒烟灰。
长街一路云为伴，陌巷三人我做媒。
孤馆飘零心未冷，相思犹可到春闺。

2018 年 7 月 13 日于丽江

第二辑

林中路

夏天到了，静悄悄

中文系的夏天谁也不浪漫，
诗句已经被春风融化，冰凌沉默在碧水微潭，
人们的心声随着河底冰凉的石头在太阳下光影斑驳，
在我离开的时候，
转瞬即逝的时光开始流露出禁忌与温柔。

路边的花朵小憩上一片洒落的黄昏，
我是蝴蝶，卑微的翅膀扇不动多事的昆明，
可爱的公主兴奋地舞蹈在尘网之上，
她的挣扎已匆匆结束，蜘蛛的晚宴才换盏挑灯。

水亭风醉，多少心跳沉没在围栏沟渠，
一说到情人坡上的含羞草、百竹园里的相思结，连你都在笑，
今夜，女人的烟圈在无人的路灯下吐出寂寞的妖娆，
而故乡的月色在虫声蛙鼓里流苏纨素，
夏天到了，静悄悄……

毕业回乡偶感

星扫长河月半垂，岭风寂寂索人陪。
昔年欢笑与谁共，此夜清歌独自归。
林花野涧声声切，流火边村寸寸灰。
年年只有长安道，六月蜻蜓满路飞。

卜算子

风带野芳归，雨泣佳人瘦。常在秋光泛醉时，同把黄昏守。

岚夜冷深闺，白日温山岫。莫野山花岁岁开，人与花如旧。

夏天的傍晚

天空掠过的飞机尾气，替代了塞雁南飞，
我在故乡的夏日守着一片青色的玉米，
村落的屋边吹起冰淇淋一样的晚风，
恍惚的心，山泉水一样清澈，

山村傍晚街道平静落寞，
留守的孩子和老人，对谁等候以及询问？
放置已久的书本此时正对着我自己，
对着绵延未绝的群峰，
平静的背后，闷雷在天际把现实敲击得金声阵阵，

独坐在一片幽凉的向晚，
谁的夏天让我细细聆听？

秦风·月出

普照在大地的月光，丝束一般洁白，
月色如水美极了姑娘你姣好的容颜，
那舒展如画的身段在婀娜曳动，
今夜，我的爱悸动而忧伤。

在我面前明亮的月光，
在月色下款款独行是姑娘你的身影，
那影儿玲珑有致，
情愫暗涌，是一阵阵止不住的心慌。

月色在天际里泻下，
心爱的姑娘你相伴一片冰冷的月光，
轻冷的妩媚拂动林下的晚风，
我的爱，在月夜里冲撞彷徨。

寒江烟火

故乡流水在霓虹之间穿过，
风的家园里面，
芭蕉夜雨，黑夜响动看不见的裙摆，
曾是此时，盛世的诗人烛泪无眠，我亦无眠。

车子带走了一生的命运，却留下点燃晚秋的枫叶，
我掩耳就以为世间没有喧嚣，
沉默旁观的并非你我，是一块冰冷的石头，
铸造过城墙，沉落过河底，陪伴过少女，
黑暗永恒。

人类自定义因果的丰碑，上帝在嘲笑，可怕的石头依旧冰冷，
目前之色，耳际之声，
一开口就是无知，一美言就是虚伪。
江水流过的河床，情人痴恋的身体，
若深爱，便狭隘。

现在，我站立于八月深秋的河水，长江穿过二〇一三的霓虹，
寒江烟火，我的沉默我的言说。

十月城乡

身体从生死中剥离，
水富秋来，花期尚晚，
我们用春天相爱，
浪漫在工厂的黑烟里徘徊，
无麦田翻涌，无秋霜饰容，
是交汇的河水载着运煤的晚舟。
阳光还恍惚在夏日，照在邻村的瓦屋，场院宽阔直连远山，
照进一百二十平方米的住房，
一连串堆叠的长方体就是城市的全部。
菜市场的争吵，是物质的棱角，
饭局上的笑容，是精神的圆滑，
仰望阳光，世界只是刹那，
我用文字直取永恒。

新雁过妆楼

落木纷群，常如昨，枯秋百物销魂。暮光微暗，花叶落满春裙。秋日尘心常寂寂，独临落照看山云。似佳人、烛花泣血，如是我闻。

空阶絮子满布，草树风凄凄，过客寒襟。年少相逢，回望幻影如真。若伊随人嫁远，又何必、林中问故人。莫如我，掉尽相思泪，驿路浮沉。

傍　晚

青春融进昨日的秋雨，
烟火槐花，在陌生的小城漫无消息，
我在空屋里对着窄窄的浅水，
终日寻不见芦花一样飘零的生命。

灯光还没有亮起的瞬间，
我在暗弱的天空下哭泣，
冷清而世俗的街道，隐晦沉郁，
找不到半抹山云，秋风穿巷，
瓦灰落满的玻璃打得半碎。

山花还在困守，容颜留不住岁月，
远方春日灿烂的秀野平原，
多情的诗人还在写着轻飘飘的诗句。

致少女

昨天我翻开你们的照片，容颜如此姣好，
你坐在夕阳下，背后是熟悉的道路。
芳草是昨日的芳草，
行人是记忆的行人，
我似乎可以感受到你当时的灿烂。
尺素之间草树苍翠，
一路上随着岁月流淌的歌谣。
我用鼠标的视野慢慢拉近你背后鲜花开满的道路，
想看见你手上微微的颤动，
看见布满茉莉花纹的衣角，
甚至是草尖的夕阳，在你年少光洁的脸上。
生活的真实在细节处清楚，
眼光放近就是石头的纹路，
草烟葳蕤的回忆陪伴你，
深夜的屏幕闪烁了泪光，
衣角在慢慢拉近的镜头前变成像素，
几百万颗粒苦心组合的欺骗，
恰似乾坤镜里的枯骨美人，
你不会流泪、放声抽泣，你的一颦一笑。
纤纤玉手，变成了二进制的蛊惑，
是幻影，镜花水月，是永恒，假如硬盘不坏。

无　题

山风尽处起轻寒，如幕平阴望眼穿。
几处红花凋暗淡，一江火树漾纷繁。
肆意街垆浇冷酒，衰微驿路唱阳关。
春歌共枕直须笑，只怕今生吾不还。

春雨随兴

今宵听雨问残生，水冷风轻过北城。
陌上菜花黄满地，林边野草绿成茵。
繁华尽落春烟冷，萧瑟丛薄碧泪盈。
自是红装常命短，风尘穗缕走三春。

清溪水　红尘路

北风把霜雪卷进了暗云深处，峰峦仿佛，
少年依偎着严寒，
牧牛的焰火升起在山崖小屋。
转过积雪的草堆，姑娘的笑春水一般流转如初，
冷涧清寒，冰凌开过回忆时光的苦楚。
那年，你的脚丫踏在河谷边阳光暖过的石板，
那年，白棉铺陈的雪夜，我伸出手掌，听风低诉。

雪后的落日在山边照满，我在阳光灿烂的窗边停驻，
檐口的融雪淅淅沥沥，织线连珠，
夕阳还在密林之间，
雪风拂过，落冰成雨。
地气蒸腾起家园的野马尘埃，
山间的约会，樱花初到，
桃花还在半途.
我就漫步在早已冰冷的余晖影下，
亡灵耳边低语，清溪水，红尘路。

赶街奇石城

风中的姑娘在十月舞蹈，

江底的石头铺满了长街，

木讷的行人站立观望，露出常年工作才有的表情，

刻意装点，舞台依旧落寞，

人们离开了江水，半生飘零。

古老的岁时，你看不见飘摇的烟火，

熙攘同行的庙会，不只是锣声。

人群勉强站立在没有一丝沉淀的瘦土，在寒风中无所适从，

听不见千年的传说依稀入梦，

岁月在山路上，漠漠轻阴，

那时的爱恋是割不下的温柔痛楚，夜里滑落的泪光如月色一
　　样晶莹。

集市是棉花糖和奔跑的孩子，三教九流的姗姗行走，

少数来客认真围绕中心，最多的是事不关己的眼神。

无辜的石头被一生误解，用来成全艺术，

耕牛化作百灵飞上枝头，才被当作爱人。

寂静的月光

二十年的镜中花，在崇山峻岭之中虚掷回忆，
灯下美人，枯秋的红烛照亮了一生。
江山信美，多少称颂平静如水，
只等春来，燕子梁上双宿双栖。
岁月围城，
蒲公英在小学的课本中，早已撒满山头地角，
小玉溪的野樱花，春来如故，依旧插在美人发梢。
尘缚、坍塌、飘转、沉塘，阳光裂成了碎雨。
如果再有那么一次，
丢掉握紧的枯枝，点燃空林堆落的黄叶，
此中无人，
在寂静的月光下远去。

安乐岁时

一

你的异域，不过是我的江湖，
渐渐沉淀岁月里，是一封未名的家书，
我从没有雪花的冬夜里回来，清澈的目光慢慢模糊，
面对各怀心事的乡人，和包装盒点缀的河水，
最后的时光，让你我再享受群山之间的冷漠孤独。
美丽的女人，双手搭上黄头发青年的肩膀，
幸福如此沉默。
得意者与失意者走上如山崖一样狭窄的街道，
刚刚长成的小市民，拙劣不堪地互通有无。
背靠着山风，没有人问我将归于何处，
希望的背后，无比荒芜，
废弃的溪井边，铺满回忆，
碎石与浅浪，相伴七八岁打水的铜壶。
江山早已沉睡，投机者已在山下聚集成堆，
孩子无声死去，群山在夕阳里淡扫蛾眉。

二

山下时光是丝丝透明的风，

在屋边地头不疾不缓地溜过，
冬日的艳阳让人后背温暖，

脸却在荫翳里冰凉，
各自散落的草絮，绽开天南地北的色彩，
尘世的玻璃磨得太平，只是偶尔有点失真。
回首时光，十七岁的姑娘把痴心付与煤油点亮的灯火，
昨日的荒草乱长在早已寂静无人的空村，
暖酒在舌尖有点发甜，
临风弄笛的山石扑倒在阳光照不到的竹林，
撕破的芭蕉在干燥的冬天没有夜雨，
带着余温的风儿飞舞在土路，
蛙声无眠，在去年的夏日，长歌短引。
我看多少沉默的故事，在这一处相逢的时空下，一如此生。

三

孩子没有名字，被怀旧的居所掩埋，
沉寂的时日隐去了喧嚣，而今一地碎瓦，
田园诗总会终结，
从此以后我四海为家，
老墙下草色葳蕤，诗句在现实里朴实无华。
十年，门前的山石上已经消弭了欢笑，
寒冬里阴湿的灶房，在记忆处闪动火花，
秋来的山路上，叶子真就在天际飞舞，
露水晶莹的野棉花，长在台地之下，

丑姑娘的等待时光流水，
管你落寞在溪边是否婉转如花。
半湾的风骨已倒塌在去年的雨夜，
从此诗人已死，
行尸走肉的乡民随着潮水，
生似蝼蚁，死如虫沙。

琐窗寒·海棠

烂漫卿云，更阑夜露，柳花尘土。清江冷雨，寂寞一城春晓。正海棠，春宵睡足，半酣浅酒倚窗笑。已晴光半壁，暖风帘幕，漫飞诗稿。

梦住。羁旅途，去日恍如电，江声如诉。天南旧事，转首昙花烟草。待何年，春燕语呢，海棠共叹平生苦。伴风蝶，共走银筝，行至初逢处。

雨 城

有雨的小城，洗尽了烟尘灰暗，
行道树一刹那散发清新，
死亡无法解释梦境的种种，
拖着树枝的孩子在风雨中实现人生。
小城很安分，街头广告贴得中规中矩，
生命被捏得死死的，开花也要讲究规定。
陌生的酒楼，开始一场陌生的婚礼，
至今姑娘的容颜还记不清。
硫化物混合的雨水，打着透明的窗纱，
青春还在路口遍种桑麻。
搞不明白日夜的交替，
都市里，文明焰火交织得通红。
听不见落叶，也看不见风吹，
压抑的男人只敢对着夜晚流泪，
走不出的男男女女，在机井下脉脉柔情。
雨点又在乱洒，我拿着孤灯，
尘埃如水，站立其中越陷越深。

昨天是我的生日

昨天是我的生日，那只是我的故事。
昏暗的办公室淹没了一天的时光，
孤独的灵魂化作泪水在我的眼眶里流浪，
方寸之间演绎困局，生死都是尘垢，
在这里，
所有人似乎都以爱的名义谈衰微的世界，彼此唏嘘。

一转眼，青春就过了头，
而如今独坐在街道，汽车呼啸过我二十五岁的生命，
拖着毫无意义的疲惫，看焰火粉饰欢笑与太平，
过客絮语，爱国是人最后的部落文明，
我在梦里，仿佛什么也没有发生。

时间慢慢

时间漫漫，不曾回头，
自闭症患者，沉默带着迷惑，
街市横陈在南方的五月，
永远也回不去的村居，再也不是温柔如水的诗句，
少女和我相伴一生的蛛丝碎瓦，满床红烛灿若晚霞。
我挥了挥手掌，满面风尘，
明知昨天美好，可不敢回忆。
江风吹走了冥想，车声淹没了泪滴，
没有故事的晚上，一片相思千山夜雨。

清早的岚云抹过江楼，蘋花几度烟雨如愁，
荒冢的年轮，是岁岁枯荣的野草，
若逢晴日，便是佳期，
时光只是一段延时镜头的流转，岩层之间生命沉寂，
没有风的晚上，莫问今生焰火迷离，
没有人的空场，野草依稀落红满地。

渡 口

我的钥匙遗落在渡口，

当我们见面的时候，梦已生锈，

藏在沙砾下的，不再是紧贴的肌肤，

十二小时之间，山草假寐，孤灯野渡。

像是一场奇遇，

生活的人在老屋边躺进一片秋草，

像是被山雨隔断的家园，

牧羊人与公主的山坡，云烟如幕，

你在静夜里面，听鹅卵石的絮语，

江水相聚，草木风频。

掠过曼舞的广场，水富一夜，潮起三分。

今早，又将回来，

遵守社会契约的汉子穿上熨平的衬衣，等在了渡口，

钓鱼的老者，花着低保金赋予的生命，站在寂寞的窗口，

我走在火车桥上，晨风静静，

八字先生的十二掌诀虚与委蛇。

生活在此揭开了小城的隐秘，

后现代主义的去中心与凌乱的生存，

在此刻相遇，

不论是车轨与年轮，不论是高楼与瓦屋，混乱平整，聚散飘零。

桥头或是渡口，自由的悲欢离合从来认真，

静响的轮渡，唤醒浅睡的夜晚，
我蹚过江水，看见渡头鱼贯上船的人群，
就像千百年前流放而来一锁而系的罪犯，
在岁月的路上，铺叙着亘古的氛围，
我的钥匙正隔着江水，
听着迟来的呼喊在春天的江面百转千回。

山河为证

一盏路灯，两盏路灯，花在风前翩翩入定。

情怀丢失，技术孤寂的美声，突然出现在云蒸雾绕的夜空，

机械时代的诗篇，在硫化物和合成氨的奏鸣中响起，

我在高高的台上矫揉造作，我在漠漠的荒原独自前行，

我欢呼在人海，我也孤独一人。

每当看完符号点亮的烟火，再听听江河沉稳落寞的回声，

我于是又站立在了天地之间，收起了呐喊，擦干了泪痕，

看着万物生息以及毕生的功名尘土，

历史的流水宴，带走形形色色的灵魂。

岁岁红羊劫，野火燃烧了书卷，流水淹没了空城，

千年之后，一代人的吹嘘已成往事，繁华只以山河为证。

入定的过程

纸被湿润的空气浸透，面前是空空墙壁，
从挂在凹陷处的尘埃看清楚孩子丢失的双手，
纹理编制的云朵下面，无头巨人就此定格了动作。
石灰墙壁的裂缝和粉刷的划痕，
开始化身为春草，摇曳缠绵悱恻的爱情，
又化作连绵无尽的山丘，推开窗户而梅雨依旧，
裂纹变成闪电撕裂了天空，
变成地震撕裂了冰湖，
由此美好的画面瞬间变成强迫症蹂躏梦境，
抚平了哀伤又成哀伤，遭遇了琐碎又开始琐碎，
就像是铅笔在不太着墨的纸上书写，
就像是指甲划过了磨刀石，
想想就寒毛倒竖。
丢掉了走火入魔的执着，开始闭上眼睛，
星星点点的花火在身边溅落，
撑着孤舟在桃花初睡的夜晚行走在寂静的长河。
归来的游子面对山窗烛火，
也要面对爱欲旖旎，
每一处光影都成了腰肢，每一处响动都成了巧笑，
黑暗以无为有，失去了既定的时空什么都是神出鬼没。
顿悟不是和执念的万般纠缠，最后满身疲惫，
要等待睁眼，烟尘寂静，恰如拈花一笑之间，
此刻，佳人看尽，不见容颜。

元 夜

宴中倾酒以为号，申酉行船到柳桥。
画舸青山人寂寂，红炉粉面夜悄悄。
细煮云茶听往事，轻呵素手度今宵。
小雪朔风吹野渡，岁寒犹感寸心烧。

断　章

秋风在山峦平地上面微醺浅醉，
千林外，落叶声，
你说山墙背后那时听歌也流泪。

大巴穿过公路卷起烟圈，
卧铺上的青年半立身体，
夕阳下，风吹雨，
你说春烟婉转那时灿烂又伤悲。

有人站立在城市夜幕的天桥，
车水马龙不知是为谁，
月伶仃，故乡遥，
你说屋边那时等待故人归。

红灯亮起的瞬间

半个镇子唯一的红灯已经亮起，
行人心底的往事没有回声，
五千米的上空化工厂变成了炊烟，
你我半生的故事就围绕着寂寞的小城。
如果你还年轻，
有人用卑微的泪眼向你示爱，
你走向浑浊的河水，
向谁落寞。
如果老了，
有人拖着病重的身体向你求救，
你看着灰暗的天空，
会觉得爱上了谁？
时光缓缓而平静，
人民路上，
男人看见陌生少女的目光就以为是信号，
让人想起无人荒野的孤灯。
男女老少走在一条深秋的江水，
身体很近，灵魂稍远，
漂泊的航船发现陌生的海岸，
素不相识，仿佛归人。

南 镇

南镇，初秋，
杂货铺，高门槛，
孩子翻过去，不小心就卡住。
几片银杏，
落入老嫁妆，白箱底，
白头人，等到风来吹过禾苞，
声声如细雨。
秋日阳光，晒满场院，
青豆红豆，响落簸箕，
时光挤掉碎瓦，
裁缝店，多少身岁时红装，
青石街，春花秋月百千场，
钟表摊头，
过路客瞟眼邻家女，
修手机遇上打摩的。

隐微的信仰

黄昏的戎州桥上，
所有人孤独地行走在深渊，
山花烂漫，
投影幕布铺开一片田园。
骑上一根飘转在深渊上的稻草，
孩子紧抱布娃娃，司机握紧方向盘，
时而遇上阳光，时而遭遇冷雨。
一只手拉住母亲，
艺术生站在鲜花长满的原野，
一把刀尺量尽行程，
固执的老者抹去眼角的余光。
野猫的叫声，一本正经传遍空谷，
达尔文的故事，笑话一般流传至今。
说书人讲完一个段子，议员就举一次右手，
我欲火焚身，对你流下一滴眼泪，
爱情便楚楚动人。

回乡印象

草树长满的山野里面，
寺庙易老，只有坟头在修行，
成了我家背后唯一闪耀着的技术诗篇，
祖辈们的骸骨睡在每一天夕阳下的山峦，
白天，玉米地掩盖白茅，
晚上，夜猫又来穿过玉米，
坡地上造林的杉木，
当年种下的竹苗，已经相互映衬诗意，
村里叫老三的人，脑子始终有些问题。
月季花不再长满土坎，
端阳花不再开遍平房，
一脸煽情的知识分子，
不再谈论乡愁。
只走在小小的街道上，
偷工减料的住房四处开裂，
里面住满忍耐、嫉妒、欢笑，
以及对世界由衷的善意。
还看见打工少年，驾着摩托狂飙在初显文明的沥青路。
少女沐着温柔的光阴，深爱那随意捏就的命运。
就像傻子也知道，
多少时光，也经不起沉寂。

第三辑

逐春风

季节·影子

山的影子伴随着傍晚的村落，

归去的青石和花草顺着静静的小河，

老人们载着荒田野火的记忆，在千年的田野上开落，

从春草到秋收，只有野菊花在路边一无所获，

野猪伴随玉米，野兔惦记豆角，

上天只眷顾风雨，给不了镰刀一句承诺，

山花开遍在山头地角，平原秀野、在风中迷离的歌，

蝉声穿过了梦境，微微的燥热与夏花渐渐舒展的容颜，

半山亭里，雷雨渐渐地划过指尖，泡桐花一地的撒落……

想有出落在乡间的女子，前世今生的相逢，温婉如故，

秋风初起，红灯笼守候在故乡，

灯火映红的脸上，分不出你我。

就听江风慢慢冷，就望鸿雁翩翩过，

猫儿听不见春声，南风舞不起青荷，

雪花飞落在屋梁，谁就隔着山窗，把窗花一点就破，

一个人看着暮雪千山，严冬真的害怕寂寞，

就等，雪风里凝冻的宿草，屋顶上炊烟平河，

爆竹声穿巷而过，

谁，陪我在正月的山寺；谁，陪我看人间的焰火、幽怨弦歌，

山间的红叶，就像深宫的流水，

花信也记不清岁月几何？

只知上祀的溪水边没有相约的女子，二月在芦苇里冰河渐落。

看明白

四月的飞虫不晓繁花的寂寞，
我在云南屏山障水地寻你，
我在乌蒙云蒸雾绕地想你，
多少年，就在这光阴的云锦上面，
落魄的黄昏，千林之外的野马驼铃。

离乡的人早已听不懂号子，
相爱的人早已不相信缘分，
少年时繁花落枕，
老来时烛泪风尘。
山花拂过了童贞，
秋风是黑夜的媒人。
你陪世界推杯换盏，我陪你静静聆听。

你听，这山呀！
你听，这水呀！
你听呀，
听见你渐渐远去时，风动环佩的声音。
我发现我开始遗忘，
遗忘得像父亲一样，围着一亩三分地的浪漫。
也放浪，
一片月光一杯淡酒，世界就是一片尘沙满布的荒村。

繁华都留给世人新亭对景，

混凝土的城市写意不了古典清秋，再没了诗人，

那可以顶立在河汉之间的孤独，青山已老，

鸡啼声唤起万家春梦，谁陪你审视人世的沉沦。

明白让人痛苦，青纱掩不住宿命，

就像白狐等待的书生，就像蓬莱守候的田横，

我们不是雪月，只是风与花，

等把你看明白，早已是一场风雨一处飘零。

雨千山

山居夜雨卷重门，房瓦飞檐断竹声。
浊浪三千袭古渡，狂沙百万过荒城。
柴扉水漫床前地，府院雷击梁上灯。
被衾莫问温柔事，乌蒙风吼万户听。

寂寞高原

古镇荒村在高原之巅，羊群穿过迷雾，
牧羊人侧立的山石被山风吹得浑圆，
其实无人高原的草地也是圣经里面的生命，
沟壑相连的河谷之中，白鹭似乎像纸片一样乱飞，
草皮被啃得剩下石头，圆圆的鹅卵石，是侏罗纪时代一条大
　　河的生命，
暗沉沉的岁月，是谁的站立像是木偶或者稻草人，
它的潜意识的黄土堆积成了岩层，慢慢变成先民的故事，
凭空有一片片水雾，折射着寂寞的光明，
牧羊人的草屋里面挂着大吊锅，
在220伏电压下面昏黄的灯火，只有花脸村妇和瘦弱的孩子，
夜晚那散发着洋芋味道的山上，
谁也不是爱迪生。

说重阳

当春天的阳光在高原唱响，菊花与雄黄盛开在千米之下的河
　谷小城，
金沙江只是一位身材单薄的姑娘，悠悠岁月温婉缠绵几般？
后来三峡又让谁早恋？神女峰下美丽少妇臃肿的身段。
孤灯渔火不再是思念的夜晚，
茶馆里面小炒着筑墙的方石，欲诉还休，一说出口就庸俗异常。
只有电影，让弹琴经过的路边尘香缭绕，
菊花在大唐的长安城巷静静开放，
今日的尘土，往日的诗酒秋光。
正秋来惠风和畅，碧湛长空，人言冲南煞北，
不宜登高怀远，遍惹惆怅。

年　华

正如你的十年前，桃花树下一片片为谁凋落的青春；

因为年少充满了思念，我会爱恋，我也惋惜，

就像很小时候怜悯喜鹊的窝，

你变成了谁，新花轿带走了夜半的野草花，

我变成了谁，借着半缕尘沙就悄悄微醉，

世间也就十年，雾的委婉让人可怜，烟的轻薄让人暗怨，

离别没有了锥心的痛，崖口的等待曾经泪流满面，

父亲的落寞变成了阴郁的童年，母亲与生俱来的苦镌刻在生
　　命里面，

黄昏从此变成张望，男人的情怀让人忧伤，

冷凄凄的屋子，年华就是岁月，一个人看不够的窗……

喜欢黄昏静静地染，喜欢雪夜平静地冷，

我是精灵，风吹花雪沉夜宵，飞落天空里，

我是木偶，似人非人人看人，

烟火人家，心越想越深，

桃花树开在荒冢，荒冢之上青灯古庙，

庭竹无人敲，清歌一曲月如霜，

故纸里的颜如玉渐渐如荷盖舒展，街垆上的陌路人走马灯一
　　般变换，

你可听见雨水流过青瓦的屋檐，轻狂在风里听不见……

少女·水湾

月光照亮了水的故事，箫声寂寞，在水湾无人可知。

佳人静未眠，相傍一窗烛火一树桃花，

火风吹动，青黑在淅淅作响的河，

肌肤里面，欲望是夏天最美妙的幻想，夜风吹过，禁不住爱
　上野草与月光，

水湾还在静静地流淌，隐匿着禁欲与漫长，

女儿守在水上，生命像风铃一样荡漾。

扎一把野花乘着流水，说不完的山中岁月，

幽居兰影，听不见的琥珀流光，

只剩山云，只剩晴雨，只剩时光，陪你走在梦里梦外，

桃花开上笑脸，黄昏里光阴潋滟，你就坐靠在窗前，

像那秋水山花一样，

春梦在轻轻地流转，时光在千林外流浪，

虫声转过了屏风，云儿等在窗边，尘埃静落在瓦上。

等　你

诗人可以忘记岁月，我也可以忘记你。
只是再也听不到，野鸟断肠的声带，
就在黑夜里静坐在芦苇水湾等你，
短促的河水，缓缓下落，青草尽处，
暖夏初温，人间开始蒸发你的消息。
梦里的光阴，似乎顺风而来，
命运的路口上，
我用科学辛苦钻研着奇怪的巫术，
忍不住，还是想你，在选择面前拇指也开始失眠，
我在故乡里，北窗的等候依旧，
愿有你灿烂如一片山花，在轻轻打转的风里……

故乡的人

谁用光阴守过阴冷的日月，

一瓢江水，在雪雾茫茫的深山里渐渐有声，

蒙面低头的老人，掩面转头的媳妇，

青春正美，夕阳正默默无闻，

当初高贵的孩子，正在泥巴里打滚，

当初说故事的闲人，只听云崖风冷，

老人离开了烟杆和柴火，冷兮兮的棉被，

蓄着守候来春，

打工的人染病在土屋里等候余生，

窗外水雪滴滴答答的，没有烟火没有霓虹，

寂寞而安宁，

这呼吸渲染了炊烟，

这云幕注定了繁阴，

这些日子，被一场咬破手指的誓言伤害，不可以当真。

长安市上

年关里的市镇上，街道紧锁，
风里飘着雨，
冷湿的傍晚露着老照片的阴郁，
灰蒙蒙的山风卷地而来，
群峰之下的孤街浸润着恍惚的旋涡，
大伞成了风里的花朵，飘摇着油锅与洋芋的味道，
年轻的女人，平静地走过来，
风雨敲打着深色的裙摆，
是一朵花盛开在深秋的山峦里面，
生命因为孱弱和飘零而美丽，
风静静地不失力度地隔空而来，
只有山不嫌命薄，一万年仍能记住游子浮云。

回忆的纪录片

这么一段纪录片，
青石巷口，
妙龄的家常女子，
相伴着因为年华而深色的瓦屋，
空谷幽兰的美因为孤独，
容颜掩映过岁月，
山居瓦屋流逝的痕迹，
灿烂而虚耗的青春年华，
恨不能，化成一片叶，吹在屋檐，飘在巷口，
一生流连。

物　种

三月，只一转眼，
爱人躲在角落也站在云间；
猫头鹰最后的双眼荡漾着怜悯，羽毛挂在枝头年年相见。
风里面，灯笼下，
善男信女照红了脸；
野鸟投林，茅檐风雨，
屈指问残年。
你我不问何处来又何处去，只在深渊行走，
因为灵魂孤独而虚与委蛇；
情是月的蛊惑，生是水的依恋，
山和海没有生死情爱，相守千年。

乡村·命运

生命记忆不了的江水，
在痴人的梦里寸寸化成灰，
姑娘的笑变成了回味，
幽灵用山火制造了明媚，
夜半起风的时候，爷爷的青瓦上响起了簌簌的眼泪，
布谷鸟的声音在荒芜的大地上百转千回。
群山环绕的角落，
土花轿也在渲染繁华，
山村的岁月平静，静得像一幅图画；
山村的姑娘命薄，薄得像一缕青纱。
日子久了，心变得像一座窄窄的溪桥，
五百年的等候，最终败给了一场春水，
誓言也只是一句说出口的话。
最终那野花中开落的十八个年，
青春收容在岁月的石榴裙下。

樱花时序

春风等在江面，

人间三月的庄稼和饥饿，父辈们开始合不上眼，

云儿带不来缠绵，樱花笑得多像人脸，

父辈们守着村庄，老桃树不懂缠绵，

古井已煮不熟茶叶，老电视面前，尘埃满布思念。

这里的樱花开红了眼，樱花不会伴人眠，

我知道滇南的土地，一场雨不是一场樱花树下的眼泪，

哭过之后就是明天，

让我想了多少遍的父辈们，我在干涸的土地上含泪看着你们
　　的平静，

那些因为苦难而倾注的泪水，

我们的心里那小小的悲欢离合这样自私肤浅，

故乡的痛苦，我是多么害怕为你表白，

这里的樱花红了脸，多想这是丰收之后的微醉，

那些土地和人哪，

我看过了你的腰肢、笑脸和姻缘，

却爱上了你的岁月。

就盼望有一天，悄悄地为你尘埃满面。

这浮世

荒漠伴着石佛，行者的足迹和眼睛平平静静，
我并不偏执，
但世界这么美，这么容易就让人爱和恨；

芦苇花飞过堕落的池塘，符咒在岔路边点亮，
世界是一个寻乐子的流氓，为了幽默开始不择手段；

有庸俗纷扰的内心，将问询何人？
剩下一个人仰天长叹的苦，
干巴巴地为大地流泪。

冬天的知觉

荒槁躲在冰冷之处，我面对着窗外冰雾阴沉的群山，
山涧水出之间美人初睡，圣洁的寂寞弥漫在寒屋冷涧，
黄昏人语，山居别致的风就吹过了屋檐，
指节冰凉，像是檐口的冰条一样在记忆的冬天，
春水染醉的野花在深渊之上抛撒，竹林晓雪散落在野地里面，
不妨让眼神随着山云流淌，云卷云舒之间就俯仰一生，
耳朵就放在平静的山村街道，日出日暮之后便人世百年，
风漫漫全是知觉，秋叶飘在里面你若细听，
水泠泠转过青石，冷暖谁知你若未眠，
天黑了，炉火边上你就戏说三国隋唐，灯影昏沉之时还有双眼。

归　来

我在远处，爱就在自己身边，秋来的繁花黄灿灿一片，
我在眼前，爱就在你的身边，冬至的风霜暗沉沉一片，
峰峦阻隔着思念的夜晚，北风吹雪直落到床边，
问春天，就在你眼前，
我的泪水随着黑夜悄悄流淌，我的心，我的思念，
问春天，就在你眼前，
每一行字，都是斑斑血泪，我的哭泣、泪水、哀愁、幽怨，
　只是湘妃看不见，
那春天，谁在我眼前？

太　闲

日子太闲，

便喜欢上别人抽烟的姿势，从容，掸落尘灰。

日子太闲，于是会从半夜里醒来，

点一大朵烛火，用一支笔面对现实，用一朵花绽放内心。

学会去看旧报纸，找历史的苦痛，

因为太闲，觉得整个世界需要我。

做梦，没有人厌恶被你咬过的苹果，即使有那么多的灾难给
　　我们上课。

青灯长夜，日子太闲，

拯救怯懦之灵魂，但用星星之烛火。

我困欲眠

眼珠上满布的愁云，

日光灯的光芒时长时短，

房间里人头密布，秦兵马俑一样凝固的空间。

讲课变成柳絮，

飞去飞来，

我春暖正困，

突然间又听见史前山洞的呓语，

野火烧在旷野中星星点点。

双眼被风刮伤了，

像小女孩一样要寻求保护，

于是眼皮变成了摇摇欲坠的羽翼，

就这样，

大脑跟上了眼睛的状态，

身体跟上了大脑的状态，

呼吸跟上了身体的状态……

滇中雨意

风雨空廊看古今，幽花人面点鱼纹；
凭轩细细千家雨，谁问春烟似水深。

眼儿媚

千朵红云暖江沙，寒月掩京华，水风两忘，岁月先知，回首天涯。

当年旧事君能忘？风住不还家。空廊静处，泪湿红蜡，雨打黄花。

田野的风

孤独的田野让春风失去了立场，
瓦砾边的晾衣竿上，阳光静静地开放，
记忆里有几场动人的夜雪，有几朵灿烂的烟花？
我站在岁末的原野上，看天空里面闪烁的岁月，
那时候，流水冲刷出小小的坝子，
蹚过河水的野兽像小狗一样把大鸟追逐，
无名的野草在自己的时年默默地疯长，
炊烟和房屋仿佛就是昨夜的故事，
行走的人忍受苦难又充斥野蛮，
在这片注定养不出美人的田野上，
佝偻的人在玉米和罪恶之间，山风吹过灰白的双鬓，
忠诚地演绎着这颗星球上注定的生存和死亡。

午 后

你何必像凉风一样娇羞，
被寂寞威逼着的青年一路上洒落泪水，
不知何时自己才会像梦一样自由；
看过了，才知道一场末日之恋的本色，
似乎幸福的王国在雪山上不着尘灰，
亦不要年少时必不可少的诗句，
只能在夜半的枕边默默隐忧和哭泣。
此时，我在路口为你写诗，
春天的阳光摇曳上我的苍白信纸，
常回忆那些被四大发明包裹的思念，
那古老的秘密让双手微微发抖，
何时才带你穿过文明的河水，
看故园的野蜂在菜花里守候。
还没有看完这样的时光，可一寸烟灰就将过去遗忘，
还能如此平静，是这时的怀抱没有女人，
炽焰一般的凡心，在尘埃里冲撞，
时而无比寂寞，时而神采飞扬，
灵魂掏空像植被稀少的高原，
冬尽才春汛满河，瞬间又开始干涸，
行尸走肉的躯体上，布满了慰藉和落寞，
我用手指抚摸阳光的温暖，
我在尘世的中心像走马灯一样被围观，

过去的刻铭，未来的焰火，
野草是冰冷的石头，
行人像风一样在路口吹过。

六州歌头

　　乌蒙车马，千里起征帆。秋正半，行李换。裹轻毡，酒杯传，寒雨无须看。尘沙漫，苍穹暗，夕月灿，山风转，望乡关。津渡未迷，原野秋云淡。豪气盈然。胡姬怎浅笑？骨肉葬城南，陌上清欢，别风鬟。

　　早焚书冠，红尘乱；添晚盏，望眼穿，凋菡萏，居旧馆，语呢喃，亦荒蛮。义愤冲云汉，除羁绊，事何难。千里战，扎缨髯，平东山，扫尽群雄，竖子生来惯。踏碎龙盘。只三更成一梦，夜雪正阑珊，伫立凭栏。

春　雨

春寒千里，大地为谁而沉默？
冷寂的溪谷蓄满藏锋未露的二月。
战云氤氲在滇中的群山，
掩盖了楚江的烟雨，漫过青红儿女的爱情，
我在西南的楼头，坐看长风掠过城门。
北地的狼烟是黑云与刀风，
天地之间的温柔如水，为我倾国倾城。
当利刃逼近了咽喉，
当秋水围绝了芳洲，
漠漠沙场重重战阵，直指炊烟弥漫的文明，
万物的协奏与鼓点，生灵的号角与斩马冲阵，
玉溪暴雨倾盆……

第四辑

玉溪云

沧海乌蒙

冬风逼退了寂寞的长河，每次有梦都梦到下雪的日子。
凉透了的枯禾，仿佛看见经年的故事。

这冰凉，
模糊了多少长明灯下偏执的苦待和泪水，
凝固定格了多少草絮满天画檐蛛网的空城。

秋，熟透了，
心像一尾小小的青鱼，游不过生生世世的曾经沧海；
梦是一缕衰弱的秋风，吹不到千里之外的烟雨乌蒙。

晨曦穿林

入景随风，看不到顿河之外桃花半亩。
松影岚气，街巷深深，渴望一声鸡啼但不要唤醒世人的梦。

古亭里，背靠朱红的亭柱，
一本诗稿，一种心情，悄悄地为心绪加上点点臆想的成分。

此时的古亭外，一只猫睁着大大眼睛。
树林中的青草地，抹上了一丝微暖的朝阳。

初　民

眼平过指尖，
一声声鸡啼，惊不醒旧梦，
看见千年之前秋天阳光下的村落，躺在山的被窝。

笃！笃！笃……
"嘘！"别惊扰归人，
夫君，故乡好久没有了马蹄声。

秋雨凉了，
这个小小的王国，塞草长长了好几寸。
夫君，你会寂寞吗？
那右面是海，左面是山。

传习馆上的黄昏

黄昏依着山冈的秩序，
请给每个男人一尺闲愁。
你我都怕长夜深，
一生最怕命微冷。

一杯不给父老乡亲，
一杯不给新欢旧爱，
只留一杯酒，
走进一片惨淡的冬云。

老人的岁月就依靠着黄昏，
最怕没有树荫长椅，
习惯了白菜在冰雪下的寒冷。

走马穿杨的梦，
茅屋与广厦的梦，
是命运，把半世残躯定在了贫瘠荒蛮的土地，
即使有一天，给我空城，给我火光，给我人群。
别了，繁华之下，半天黑白的黄昏，
就哀怨半生，就感叹半生，你的故纸，
你的故人。

冬天，做一个梦

（一）

一路走来，不想说故乡美还是他乡美。

很久以前，只希望会有下雪天，有一朵灿烂盛开的火烧云。

然后跟你，在你喜欢的小城，呼着白气，边走边吃。

过来了，恍恍惚惚，风冷了，砂粒一样，冰凉是一点一点的；

咯吱……

雪地上的脚步声，

两个女子回头的侧影，分明是一只爱扭头的青猿。

（二）

一根鱼竿，秋草长；

时空被改写，洛阳城里雪下得正紧。

江湖，一个微笑，一式花招；

男女，一些缘分，可惜世界不够他们一辈子坦诚。

世界太短，人生太长；

结果，爱情太短，游戏太长。

看了旧照片，

登录新游戏，

这个冬天，打算做一个梦。

浮　光

清晨与夜晚同时宁静，
山光鸟影沉浮在千里之外，
雨又开始平静地作响。
记忆中落叶飘零的谷口，
是一生一辈子的凄惶。
那土路的泥泞、
那宿雾的迷茫、
那山雨的轻狂。
几世的痛苦悲凉，
也变不成红尘老手，
像梦里越来越大的灯花，
一点渐行渐远的光。

给 你

秋天裁剪着红蓼花疏的水国，
芦笛声声的楼前，你的家是平静的茶乡，
常说在春天里，你的泪镌刻了苍老的花朵，
不如我的诗，带着父辈和故土的守望，
夕阳又偏照了，全速奔跑的人生没有了价值，
你是浪漫主义的孩子，
爱尘世的艺术甚于天国的艺术，
在下一个小时，在明天，在新的学年，
远的像小时候科学家的向往，
近的是蝼蚁一样的生活，
书上说：
浪漫就是白天跟女友在开花的樱桃树下散步，
晚上聆听舒伯特的音乐，
我只想找一个生在大漠的女子，
打一口骆驼白草一样的老井，
依偎，是死在一起的胡杨，
面向天空，看到那句：
"让我也能用一生的爱和苦，把你养大成人。"
我的眼泪在暮光里，成了夜半的长河。

归 去

归来的行程，
也不在意被遗失的部分；
旧时的黄昏，
被冬来的雾色掩得略似冰冷。

窗下的苔痕如故，
只是再也找不到倚窗看云的人。

故人辞世的消息，有说不出的平静；孤独的守候，
此一生，彼一生。

新屋内的温暖，是夜半里的青灯；今世的因缘，
君无名，妾无名。

廿四桥畔，箫声吹老了岁月；
须弥雪山，鼓声敲不响永恒。

归 乡

清江烛火月黄昏，不到寒山不愿闻。
南郡烟花啼往事，长城瘦马作胡音。
红旗尽是英雄血，赤日原非碧海尘。
盛世边关人命贱，秋云万点掩荒村。

寒 食

（一）

晚晚到来的树色，郁郁在清明的花朵。
今夜，风吹动了整片天空的细雨微云。
一点一点释放的音符，不太像汉唐的长歌。
要想象，停滞乡村的野马耕牛。
跟天下人一样，全部依靠感觉去生活……
还你的生命，写一首看不完的史诗。
放在山林原野，放在江渚水湾。
有青苔，有水迹，没有光阴。
于是，在春天典当秋衣，在秋天典当春衣；
就像孔乙己看不起阿 Q，阿 Q 看不起孔乙己。

（二）

寒食的灯火已挂上了柳梢头，一万年的传统也经不起掂量。
一个人走在黑暗的城巷，身后拉着影子。
有女人笑，有孩子哭，马蹄声声……
到最后，发现最远的地方只有荆棘，没有城墙。

在寒食

总忘不了寒食的烟火，
在东风弥漫的城巷；
这花儿一样的烟火，
却是在初夜混沌的时候开放。

这烟火，仿佛映照在两千年前的晋水之滨，
看见有葛衣荆钗的夫妇，
看见有深幽浅魅的城郭。
冰凉漆黑的寒食，附满了文公心头的悲伤。

这悲伤，已经横过了两千年后的度朔桃林，
看见有蛛网尘结的桃符，
看见有宿草空青的旧冢。
笙歌泛夜的彼岸，盛开着古往今来的寥落。

寒夜冷

寒夜冷，看平生，
烛台寂寞的年少，
异乡渐如故乡，
街市上长歌当哭，被衾下泪断肝肠。
含糊的语句，难言处渐多。

请听，
楼上琴声，一句塞北，一句江南，
凉秋已静。

河满子

酒冷春灯明灭，窗囿前世今生。未染风霜惜华貌，春歌春日倾城。秀野菜花云静，南风吹老黄昏。

卿若繁华落幕，暂归细理光阴。山风围炉香稻米，虫儿迭唱家门。今夜伊人入梦，花黄云鬓风襟。

湖　畔

阳光二十度，湖水十度。

幽幽湖的第一抹朝阳，为我而生。

一卷书，一些古老的故事，沉浸如此，此心平静如秋水。

一方山塘，一片浅草，怡然，自若。

怀想清明

曾忆屋前木槿深，舜华弄影到清明。

姐抽路外车前子，弟找塘边蒲草芯。

如今萱草谁人采？昨夜烟花何处寻？

年年青冢无飘缎，狗尾白茅岁岁春。

浣溪沙

花影茅亭说北邙，秋深语暖客心伤，北窗风冷共苍凉。

月色江声成旧事，年年杜宇问故乡，西风瘦马断人肠。

长相思

寒一更，暖一更。岁岁灯花满洛城。秋风过重门。

君一生，妾一生。两地相思一样情。西厢夜已深。

回　来

我们回家，
种一片桑田，
如果一觉醒来，
眼中是千年后的沧海。

把手伸过来，
让眉弯像春天一样盛开，
我们细细听风雨，
让风把雨珠吹着直上黄沙远塞。

把灯转过来，
你说虫儿都睡了，
我告诉你一个小小的故事，
那江南的稻米香在千村之外。

把头靠过来，
好像天空很宽大地很窄，
此时的桃花已飞在迷津渡口，
美人未老，家园仍在。

回　去

剖开贫瘠的大地，像太阳，更像尘土，飘散在乌蒙以外的天空，
不是落叶，更不是浮萍，愿做山深水隐之处，
野鬼幽灵般，逃避田野，逃避山民。

在隐微的地方，面对漫山遍野的桃花、樱花……
想笑，想哈哈大笑，让世界都知道我带着高原北风的痴狂，
于是，我是田野，我是山民，
我会躲在角落里，为不能种植土豆的旱地而哭泣。
有一天，时间掠夺记忆，安顿好了命运，
我会逃离，在二月的初春，
用奔跑、用爬行、用呐喊，咬破手指，倾尽余生，
做一个白痴，做一个疯子，
回到田野，回到山民。

季 春

宿鸟声中，夕阳影里，暗留意
老墙下草烟葳蕤，原是一场淡味的轮回。

繁春色，纤纤细步，
仅此一枝，留人浅笑。

沧桑几许？幸福几何？只苦味。
似帘外风雨，折尽花枝，弹筝酒歌。

旧风景，年年如也，伊人一笑，漫漫无期。

家　山

夏天，盛开在记忆的一角。
在一株神秘的花下面，
老人对我说：
把花枝打一个结，就会做一个好梦。

从来没有住过清风的泡桐，只剩下了木桩；
在夏夜里，变成了亮柴发着绿光。

长着水葫芦的塘中，我放下了一只纸船；
塘边的桃花树也落下了一枚叶子，
变成了一只绿船。

在玉溪的夏天，
常想起溪谷中甜甜的水，
常想起溪谷人家被偷走的葡萄。

想到这些的时候，想起了那时放牛吹笛的伙伴，
你们都去了哪里？
想到这些的时候，玉溪正下着太阳雨，
我看见，你在家门口笑着哭泣。

家 乡

我是一个被梦想宠坏的孩子，
小时候的我要像你一样长大，
后来的幸福是你桃花一样的脸，
再后来幸福是一个人安坐的河床，
最后的幸福是曾经煮的鸡蛋面。

家乡没有一串电话号码，
我只在你的思念里早出晚归，
每天都是平静的日子，过年的雪也下得安安静静，
我的头上烟花灿烂，
你的门口没有一声爆竹，多年没有贴春联的门口，
看见你从未有过的落寞。

在南瓜上刻字的人，给世界文了一道刺青，
黑夜的花花朵朵，
带着风的凉爽和燥热的空气，
那些小小的故事，全部镌刻梦的记忆。

减字木兰花

流苏纨素，润玉金风秋未度。新旧佳时，日暖琼花月满枝。

青红桃李，素纸乌煤凭语寄。园圃秋露，夜夜灯花不嫌迟。

今山虽在不管身

冬日的天空像一只哑火的烟花，
再也绽不出灿烂的色彩，
冷寂的日子和冷寂的心情经不起那一个微笑释怀。

真想一个人漠然地走过，
可是马蹄踏碎的秋水，像眼眸一般暖暖地等待。

一个人的角落只能留下一个人的身影，
哪一个有缘的行人都不愿挽留至深，
在别人的繁华里写着自己深深的冷漠，
总爱用最随意的姿势笑看人世的疯魔。

有了你就能找到寄托，
有了情绪就算微微在意的冷风枯蒿也会有淡淡的凄落。

这么多事不关己的纷繁中，
一曲清笛夹杂在暗淡的梦境里直到年年的期盼走向萧索。

老　了

我用线条，
不为勾勒青墨山水画

因为线条圆圆的，
像是一个家……

你说我怎么老了，
老得像一个山民，
一生只为一堆膝下的儿孙；

我怎么老了，
老在一座石桥上，
五百年风吹、
五百年日晒，
等一个桥上的路人。

今 晚

今晚，
他拿出一只银链子，
一半在清朝，一半在如今。

今晚，
我想起我的银簪子，
一半在手里，
一半在地里。

今晚，
脚开始冰凉，屋檐口的雪水还在往下滴，
这时，心里长出了故事，
这时，我正在被窝里给你写故事。

今 夜

一个人，在夜晚，没有什么可以融化我的心事。
一条街，忽略行人的威胁，我行我素地走着，
没有年少的轻狂，没有艺术的绽放。

仿佛就是那个没有牵挂的人……
似乎只有诗句才能倾听心的故事，才能承载悲伤和泪水。
诗句才沉默地，用来反观自己的心跳。

今天，花都谢了！绝对不带着悲伤，
只是平林漠漠一样的淡忘。
我知道，又是写诗的时间。

旅程笔记

梯田千百转，云静山连绵。

贵州的群山与平地，一个永远让人惊心动魄又如世外桃源的
错觉。

这是初秋的贵州，天很蓝，云很白，云儿一朵朵在远山间飘
飘悠悠，阳光和暖地照着稀疏的人家和玉米地；

小河清浅，弯弯地绕过了夹岸的果林和浅草。

这时，如果有一曲悠扬的牧歌……

陌上草薰

彭城右望西重门，兆水仲秋不见人。
婕妤凤鸟飞虫逐，梦媛春半最相亲。

摸鱼儿·贾宝玉

忆当年，茹毛饮血，化石青埂峰下。昆仑风雨陈年事，云漠草花如画。旧山远，沽世价，痴儿女几回牵挂？凤阁绣榻，院内尽芳华，呢喃莺语，春日暖枝丫。

红楼上，细看青丝粉袜，颦儿应是不嫁。相思春尽情不尽，岁月青袍白马。拾碎瓦，问幽草，潇湘泪尽成烛蜡。管弦喑哑，坐望梦成灰，顽石不语，冷暖问冬夏。

墨　痕

在水墨画的笔锋处，
看雁渡云崖。
黑色的翅膀，
在最能表意的位置，
怕往南，
怕往北。

我却想着，
雁儿飞过了西洲的秋水芙蕖，
桃叶一样的柏舟，
莲花过人头。

我却想着，
雁儿飞过了东山的长亭短亭，
夕阳迢迢车马萧萧，
王孙不可留。

一滴水，
一个大千世界，
一滴墨，
远古的未来，
这是一颗放置了千百个春秋的莲子，

又重新开花结果。

雁儿，

这千百年，

你记得你放置了多少凄哀和等待吗？

我习惯等待！

我害怕，

凄哀的情感，

吞噬了时间也成全了诗句；

我害怕，

遥远的告白，

用尽了话费也受尽了伤害。

你我以及故土

用弹壳与故土相傍而生，
玫瑰只是一株会开花的树。
春花秋月太美，
只把生命寄放在一把荒芜的锄头上。
你渴望子弹一样的生命，
因为速度，才有时间和距离。
我是一只蚂蚁，
看见孩子把我捏碎在指尖的快乐。
春的痛苦，夏的荼毒，
灵魂的簸箕放置在秋天。

念

虔诚的朝圣者，踏上了寂寞的归途，
华章丢失，只剩煽情的风物格外动人。

我就在这个地方，守候着一段岁月、一个年代，
就像瀚海深处、浅水湖畔的小屋，
一个老人，独自打理久远的心事。

在茫茫的白草黄沙中，
对着一片孱弱的绿，丢失了感动。

常会想，
在木板屋的屋檐下，坐着一具小小的白骨，
像一棵被风沙蚀空的胡杨。
她的发丝落满一地，那是她的青春，
被悲剧浸染的黄昏。

浅水都枯了，类似白骨身上没有了血肉和光芒的眼睛，
干涸的水湾，不再等候千百年前爱恋的故人。

年　少

常说山民年少，短褐柴刀日日过溪桥；
野菊花外，蛤蟆跳过了，
蝶儿轻飞，散在阳光之间，
过影成壁，在灰墙下，
高高矮矮，追打跑跳，
黄狗当门，也追追跳跳。

又是松林间，林叶铺成絮，松子初落，
黑蚁走成行，
寻蚁路呀！
穿草在密林里面。
追过乱走的青蛇，追远了。

夜真短，萤火飞在屋檐下，
怕被人骂，唤狗不叫，
三五人悄悄过矮墙、穿溪谷。
捉到田鸡的口袋，
放在溪口大石上，
寻人背：天将降大任于是人也，必先苦其心志，劳其筋骨……

黄野花，红野花，随意扔在山塘，
个中滋味无穷，水和我都知道。

短笛吹谷间，声声扬动秋水，
渐无穷，
真趣变悠扬。

可如今，长大了，花儿婉转了，
有事怕人知道，会好笑。

七月十七

(一)

在一个陌生的城市，无所谓谁被谁遗忘，
独行在，
一条古老的街，一顷浅浅的，水之涯。
散漫的心，恰似满地落花。
此时的遗忘，岁月一样的遗忘。

(二)

燥热并不是遥远的记忆，为了获得一片树荫一角屋檐，
我走的路寂寞而偏僻，
越走越远，直到忘记该用什么来微笑。

(三)

想听一声青石板街的号外，
想寻一记村树祠堂的钟声。
想看一看，河滩柿子树上的萤魅，
想问一问，停在道士手心里的缘分。
桃花开了，杏儿青了，

一头耕牛，在夕阳林下，
等候百灵鸟的歌声。

清平乐

玉关人老，谁望干戈笑。丝锦回文包旧药，清风声中昏晓。

烟花结满重霄，故园水远山遥。可有郎君再问？去年燕子回巢。

秋波媚

云树东风半城山，谁唱牧歌还？西窗风冷，夕阳候尽，梦系江南。

逢人不问当年事，独自守乡关。但求来世，平常岁月，笑满眉弯。

苍梧谣

谁？鸿雁春归不见归。边城暖，天际野花飞。

清　晓

雨云，像雪云一样阴沉
一束光，在天际，照亮了来世
这光，透过了云缝、像是一条通往香巴拉的箭道

朝霞镀上了商业楼群
有的地方亮得熔金，有的地方暗得阴冷
这寂寞
让人想到布达拉宫的夕照

每天早晨
我都在阳光下拿出随身携带的信用卡
这信用卡，像一片障目的叶子
所以我看不到整个城市的黎明
而身边的人
越是黎明，越是睡得深沉

寺院的钟声掠过了古格王国祭坛
却敲不落一粒尘埃
这信用卡，像一枚魔戒
在清晨的阳光下映照着我的双眼，
映照着悲剧的未来

生　日

我不是载梦而行的人，用艰涩勇敢地表达，诗歌就是旧年的
　呼吸。
重温旧梦，
好像腐烂的尸体刨开坟墓。
因为向往诗歌，所以向往幽灵。
你笑着问我要什么，
人要严肃，严肃地面对自己的死，
人要坚强，坚强地担负所有的生。

那些教会、那些枷锁、那些道德，我只为脚踏实地的山民，
旧年华，旧油灯，不信五千年的烽火就可以点燃这铮铮傲骨，
你若骂我年轻，
就请在黄土地上斩断我的脊梁，那会是一圈圈风霜刀剑的年轮。

一场战争，风吹皱一池春水；一次逃亡，风吹落孩子的风筝；
等我们都老了，我告诉你：
朝阳越近，年华越短，夕阳越远，背影越长……
最后，
没有人追随，守在马蹄渐远的乡村，
与梦，不求同年同月同日生。

时间晚上

静静看着无聊事，
想在一个月白风清的夜晚，
一头驴子说：
为什么他们都听不懂我的话，
是因为他们不够聪明！

慢慢地没有一首诗，可以组成美丽的蓝色调，
正如你，更爱你捉摸不到的过去。

终于可以没有抱怨地闲着，
其实那些浮华还是满满的，一样多，
等到梦碎了，骗局揭穿了，那只不过，一页蝶影屏风。

收　麦

尽日南风起，江洲白鹭飞。

晴云抚麦浪，流火点烟灰。

短穗横野地，惊蝉引巨雷。

雨打城南路，轻车送麦归。

忆旧年

水路隔江天，生生世世缘。
檐边双燕子，泽外一孤鸢。
锦字藏腰际，山花在袖间。
当年人未老，素手在君前。

睡　莲

被人哼出的《睡莲》，可以跟贾鹏芳的二胡一样地委婉，或
　许感动，不是我用我的伤口，渲染了你的生命。

或许感动，只是一把二胡，遗忘了一座秋天的荒城。

江湖，就是一叶扁舟，一处黄昏；
爱情，就是风到雁南，
风已无声!

亲爱的
假如一张笑脸成为生命之重……
假如一朵野樱花诠释生命之轻……

你是一幅流淌千古的蝶影画
但是永远变不成我要的真

天　堂

守候，古寺中一扇紧掩的门。门外的事，在人歌人笑中一幕一幕上映，上映的事，像一只只越飞越远的泡沫，在阳光下，才会分明。

阳光里，一只孤飞的雁，寺中的人，正枕着秋草入眠。又到了秋风秋汛的时候，守望的依旧守望，归远的独自归远。

守望处，木鱼青灯相伴着最初的家，瓦灰落满的经卷上，尘世的泪，悄悄地落下。

春天的心搬走了欲望之丘的坟墓，前往天堂的路上，长满孤零的桃花。

天堂中，快乐的人都善于遗忘，就是记年的时钟也会忘记了旋转，所以天堂的人可以幸福到地老天荒。

但是没有人知道，我占据着一角天堂，即使面对最爱的人，也欲盖弥彰。

我的日子

我的日子，
是一条八十年代的街道，
梧桐叶落，
点滴出的是老姑娘出嫁的柴火，
回忆里的花轿唢呐，以及土路的灰尘，
这是一枚原野上的花朵，
也灿烂过了一生，也寂寞过了一生。

无题（二首）

（一）

十年相望不相闻，暮暮朝朝岁岁情。

桃叶渡边潮信远，湘妃竹上泪痕深。

画眉常画云山色，归雁空归环佩音。

只怕乡关千万里，相逢已是白头人。

（二）

曾忆田家女，风歌上柳梢。

山花摇碧陌，野马过石桥。

落日杨妃脸，纤云神女腰。

竹叶杯中酒，钱塘江上潮。

想

窗外的灯火，显得格外安静；
深秋的风，在木芙蓉的侧影里沉吟。

我在窗头把手放在耳边细细聆听，
却没有发现落叶在风中飘零。

这些风景已经好旧了，
恰似那红灯笼在老屋边写意着黄昏。

路上的行人都习惯了小世界的风情，
火树银花的龙象只为寂寞而生。

还有那些无关浮华的故事，
湿润的孤独依旧百般动人。

在多风的碧楼上，
有不合时宜的清醒。

但仍不知这片黑夜缄默的光华，
静悄悄地为谁而晦明。

雪落下

天空下
大地织满了圣洁
山水脱下了岁月的嫁衣

风呼啸着
雪花静静地掠过指尖
触碰上帝的手冰冷麻木

没有知觉地站在屋顶
对着一个雪人微笑

慢慢地
变成雪人

站在屋檐下
呼吸着
吹散了大朵大朵的雪花

细碎的声音
碎得像一阵低语
像我们

夜

一杯清水，冰凉又平淡的冬夜；
独坐着，凌乱，且失落。

那些背影，没有最初的感动；
灵心也染尘，淡然，无可奈何。

混迹夜市，心情无人打理；
眼中繁华，其实寂寞。

蓦然回首，那人却在灯火阑珊处；
暗里着迷，怕与他人说。

借用无眠，用梦渲染的情节，
是人的疯魔。

世　情

烟水浩瀚，一鸟渡北塘；
倚楼望远，谁知国有殇。

金风旋渡伏波庙，深涌暗流满秋江，
离山合水萧瑟处，烽烟未起杀机藏。

回望人尽醉，清平盛世繁华巷；
低头秋颜色，长街落叶响空廊。

只因苍生多迷途，寻遍有心郎；
他朝若遇青袍将，虎狼百万卷洪荒。

真　实

寒风也没有了在秋时的故作娇羞，
它本有的阴冷在冬云之下毫无掩饰。
挥毫处的字句满是苍凉与凄美，
多情的或许只限于那些格外虚假的故事。

在上学的路上我对一个女人说"昨夜西风凋碧树"，
在无聊的课堂上只想着写情诗，
在有关诗的情愫里听到勺与碗的声响，
人生骤然回到了真实。

夜 怨

平静的日子，可是你说的寂寞？

一句诗，就可以让自己的内心无处可躲，

一段路，到尽头就有一处水湾等着我，

有妇女在捣衣，有渔夫在猎鱼，

只愿意平静眺望，微微快乐，而后厌恶转身离去。

今夜，思绪就像一匹野马，在六月的原野上寻找荒凉，

一路的霓虹灯光，是刚到这个小城时眼里的迷茫，

一路向西，却一路向东。

在铁轨前，警示灯亮着

火车开来了乡音，

这声音响着安娜的泪水，响着海子的幸福，

想做一个旅客，在那些年的车盖之下，

车盖之下尘沙弥漫的咸阳道上，咸阳道上四匹马。

听着雨哗啦啦地下，

爱说爱笑的时间，

就像你长大后喝一口新酒，小时候捏一把黄沙，

雨哗啦啦地下，

我从过站的公交车上下来，往回跑，

身后的车响起了刺耳的喇叭。

一本书，一条北方的街，

有旧水车和猎枪，

下雪的彼得格勒像一场高中的生活，

梦破了，那是没有信仰。

想对世界举起锤子，却又心甘情愿被冤枉，

我想你，和我在一起不计得失的朋友，做错了，做冤枉了，

　　也不怨谁，一路乱走，

躺在草地上，困了就睡，饿了就吃。

我想你们，这时候，你学会保护自己，说什么也不是幸福。

喜欢对什么独自暗里着迷，喜欢想点事，把自己感动得哭，

因为别人，轻易就对自己背叛；因为悲悯，轻易就流下了泪水。

有了承载，因而喜欢秋天，

像一个满脸笑容的人略带苍凉，

又像一个沉默而严肃的冬季老人，

愿做一头耕牛，内心已经愚钝，

愿做守望的一类，用等待编织希望；

愿做虚伪的一类，笑得可以流下泪水。

一路上

没有一句话
可以感动一座城
丢下一份感动
在镇雄的大山深处
想着山崖的壁洞
有前人经卷

我们的先民
又何至于镌刻荒蛮的足迹
把家
安在凄风苦雨的高原
大气磅礴的高山冰河
于是不屑为一草一木而伤春悲秋

越来越相信宿命
被群山环绕的去处
是一道通往幽暗世界的门
多走一步
那是我们祖先的年轮

异　域

曾有一个清晨，无所谓花开花谢，
二十一英寸见方里，
一种存在，一个天堂，一款游戏。

有一个午夜，无所谓清风明月，
有心人设计的程序里
忘记现实，忘记生存，忘记休息

有烟花吹落，在初夏的田野，
你看，我们的青葱岁月
有枫叶飘零，在晚秋的天宇
你看，是梦想在凋谢

谁去想，少年不识愁滋味，
我们只知道有一片天空，
付出了所有的青春无悔

谁去说，试问行人归不归？
我们只知道停电的时候，
鼠标、键盘、显示器
通通失去了颜色

月

月朦胧，
一个从容远去的背影。
城市，
一处在彼岸曼舞的焰火。

一个人，
一路高歌，
谁家的姻缘，无可奈何。

很多的荒唐，
独自面对的时候就不再荒唐。

月色面对大地，
工厂像一帮寂寞的老人，带着一支支割舍不下的烟枪。

老人，
面对白云蓝天，面对月色，
渲染旧社会的黑暗与荒唐。

中秋词

吴宫春晓云淡荡，北园幽草对山塘。

云山独忆云山梦，东堂梦断往东堂。

前夜江楼何处是？月到中秋分外凉。

玉笛经风黄梅妆，八月萧萧秋叶黄。

美人林下紫箫断，桂子丹枫客半伤。

秋柿已熟秋山美，夕阳映菊蜀山色。

红塔春秋人未识，流光照水月徘徊。

广寒一夜不知春，醉入黄粱问飘零。

他年若是无仙药，今夜桂花不满樽。

流苏绕畦秋水偎，儿女上祀月中缘。

今夜竹林闻风笛，仿佛情天弱水边。

枫桥夜深秋正半，乌蒙夜深秋露寒。

闻说当年明月夜，寺外僧归月满山。

山头雾淡月云轻，醉后乡心梦不成。

父母兄弟中庭望，客子衣单泪双行。

月子青空如佩玉，月子弯弯若吴钩。

千秋万世涂贲白，好为离人寄忧愁。

唯愿三五秋虫住，萤光漫舞自悠悠。

昨天的傍晚

风影杂树影，寒枝木叶下坠，
是春天静好的风絮。
几枝树影漾开细碎的阳光，针芒的温柔，
野草秋棉干暖的后背。
风悠然，冰凉是一道水纹，
山朦胧，被衾才刚要受潮。
冷暖如故，
趁夜早，斜阳正半，余风过耳。

感恩大地

月牙弯　青枝垂钓在夜的星海
一砚墨
古往今来的龙潭

我只要一次白天　敲落一朵正在盛开的樱花
你若相信明天　请随我去挖掘钟山的龙盘

大地
我要看到我的姊妹　我的田园
在边关　是吗

那烽火刚停　我就回来
死在你身边
看着你的皱纹里　藏着整个江南

那一刻　没有隐喻　没有悔恨
你是我的一辈子　我是你的五千年

第五辑

南风暖

暗　喻

原以为是彼岸的遥相呼应
更没有想过
风从那里带来别样的心情

萍花疏泛中的笑容
就像水在浅滩上四溢
一漫开　就露了底

出于什么目的走在人群中央
在另一个维度里也可以相识一场
过程中充斥着蓝色的深邃
往昔平常的眼也会波澜荡漾

对着一个灵魂虚拟一场扑朔迷离
那种美胜过月色一样的安宁静谧
当有人笑靥如花地说出心中所想

窗外的雪花
已乱似扬尘

傍　晚

落日只留下一缕余晖点染山林，
远屋近舍冰冷地低调着宛如这抑郁的心灵。
笔在黄昏的残影下流连，
怅然的笑脸与暗色的梦境交相辉映。
秋日的林木，陨灭如阳关雪一般了无擦痕。

古旧的重楼，是重复了千年的风景。
看着这个场景下的人，那背影不带一丝烟尘。
凄然的失落，挂不住过客的多情。

微光中秋色里对着古典诗词的厚重，
流溢的方向飘过一道薄凉的风声。
浅照的青光在半掩的窗扉上停滞，
不经意的一眼惹起了一季的秋魂。

尘世的角落

在尘世的角落
我们唱着过去的歌
假装过客的目光
诉说今天的寥落

在尘世的角落
我们隔着远远的河
凝望彼岸的烟花
守候边缘的寂寞

在尘世的角落
我们学会了伤感
其实什么也没有做

古　意

扁舟过桥下今夜月明减清辉，
落叶响空廊试问行人归不归。
生刍一束花月其人阳春白雪，
天涯芳草青瓦白墙过眼成灰。

清风满天下苍生疾苦又一年，
荷笠戴夕阳村居日暮溪山远。
东风城巷丁香寂寞流年似水，
南山渔樵孤栖仙境风月同天。

黑 夜

黑夜的痕迹无处不在，
漠漠的契合使苍老的心无法释怀。
黑夜的声息沉重而哀弱，
美丽的过往也无法再回来。

期年之间红尘事故转萧然，
唯有连绵不绝的忧郁变幻着各种失落的姿态。
如果黑夜真能点染缤纷的焰火，
那是命运在表达心灵最深处的寂寞与惨白。

心迷茫

云意远去了宿命的渊薮
艳阳在秋光中弥漫

小城的楼头上
看到了岭外的金风微微发甜

听见的歌很平静　忧伤
漫无声的失落像把心掏空了一样

又有这么一季遗忘了白天和黑夜
在那个张帆与停桡渡口随风明灭

不知归途还尚远
记得鸡鸣早看天

曲　径

惨色的岁月凝成了落纸的云烟，
无心的过客读不懂那些漠然的笑脸。
苍白只成了凄迷的青眼，
风过之后独自续写冷暖的尘缘。

月色的光华仿佛只有一个人去沉湎，
青山红树边的慷慨歌谣抵不住似水的流年。
季春的晨雾里静置着青灯冷巷，
未待睁开眼，狼烟劫火的岁月也到了伊人的面前。

良 辰

夜雨声声，依稀地住进了断续的梦境，
来日的门口，落花满地，随意地，安静地，
终飘散不去的是那凄美的情绪。

天空里找不到阳光的颜色，只有雨水落得满脸苍凉。
看到着素衣的女子，在路上踽踽独行，
模糊的模样总让人来不及回想。

二月花

记得有一个清晨，星河影淡，曦色薄凉，
过夜的空气里，微尘落尽，只留得和风荡漾。
略似温暖，略似清凉。

碧树之间找不到凋谢的痕迹，有人孤行的身影却落尽了芳华，
只漠然地，如啼倦的杜鹃，在碧陌外的枝头，剩下长长的喑哑，
只依稀地，如魑魅般行走，宛然三更里幽幽的流萤。

物如换春秋，人似隔河深。
在这旧书般发黄的街灯之下，那昔日风景也虫沙竟化。

从未离开

谁人记得那些藏在天宇深处的惨笑？
谁能抹去那些遗落在尘世之中的喧嚣？
横过你的如花笑靥，红尘旧事知多少？

石竹花只开在盛唐的那个清晓，
多情的你只生长在春月的那个柳梢。
而如今，
满林秋木在你的背影处无声地陨落，
纷纷扰扰。

有颜色，不可知

雨的清晨，天空弥漫着暗淡，有一些无从说起的心迹；
雨的花朵，孤独悠然地开，也无人会意。

在微雨山塘边上，透过斑竹的间隙；
看到的，只有属于一个人的雨季。

行人绝迹的老墙下，草色凄迷；
那静置的露水，莫非是青鸟的泪滴。

留给雨的迷蒙里，永远带着委婉的情节；
我深深地感受自己，
虽然只是过客，但同样害怕被人忘记。

颜 色

依稀花朵的颜色，
在斑竹的间隙里。
映照着草木青郁，小鸟轻啼，仍找不出灿烂的痕迹。

悠悠的岁月中，花朵寂寞，年年如此；
涓涓溪流里，佳人拾翠，过客忧离。
时间仿佛是无数错过在演绎，
演绎其实是无数风景在别离。

曾有一些回忆，被人铭记，并为之孤守一生；
但有一些美丽，被人遗落，只能够漠然凋谢。

回　味

微淡的感情，不是关于旧山的颜色；
假息的相思，不是关于金风的滋味。

无关任何感情的意义，有一些似有似无的凄迷，
不属于迷茫，不属于清晰。

草烟葳蕤，像是一页页展开的回忆；
雾色氤氲，像是一幕幕虚浮的迷局。

一切风景只留守在被我们幻化的情感里，
那火树银花的华彩，是大朵大朵的叹息！

花树之下

树荫下的阳光寥若晨星，
树影下的仰望只一角青天。
树梢头的青鸟看云舒云卷，
树身上的誓词断香火后缘。

树边的路各自归远，
树下的人彼此流连。
青郁的样子岁岁如故，
一旁的行人年年不同。

虽然有过不舍，
有过挂念，
但过去的时光无法重现。

物是人非，
才发觉树下的回忆，
仅只是一场春天的盛宴。
如果你还有缘，
看得见树上开出淡色的花朵，
那是别离人美丽的夙愿。

旧季的香味

偶抬头
初夏那青色的桃儿
用婉约的样子在枝叶间露脸

竿竿修竹
默默地伫立
等风儿等了一季

一个人孤寂
旧日的情怀

空气很淡
没有颜色没有味道

天空很宽
没有白云没有阳光

流连在及瓜

临冬的冷透彻了天地，
淡淡的风一丝丝加重寒意。
浅吟一句露花凉人怯衣单，
有如芭蕉失雨的时节。

偶尔翻过云烟背后的那张笑脸，
苍翠的山水蜿蜒在失约者的面前。
每个夜深都在倾听你深深的忧郁，
每次凝望你总在云树之间。

卖花人去

曲终花逝人尽散，云去云来客往还。
岁暮重楼春隽永，年来陌路情已淡。
香稻四围风甚暖，边城二月水犹寒。
农时不解因缘事，两地相知见面难！

梦中人

美人帐下晚盏昏，梦过阳关到龙城。
冬阳盈日寒难绝，秋叶满枝落无声。
空谷长风惊草絮，西天神骏踏黄云。
凄凉成梦三更醒，杀尽枕边卖笑人。

孤　名

人海孤名尘海深，驿路浮生陌路人。
岁岁微云来古道，夜夜风歌绕长亭。

梦如卷度

冬日的烟火也睡了许多天，

孤盏明灭，在渐行渐远的是那些美丽的尘缘。

静而不发的岚气就是这样游离在阳光和枯草之间，

那颓废的影像扫过了岁月的青眼。

在阳光的另一面，我们在翻着生涩的书卷，

有混迹的清风被冷落在车水马龙的边沿。

听着吴丝蜀桐流落着伤感的心愿，

好想把这个季节所有的烟火都送给明年的六月天。

晋 水

晋水尘缘象外居，家书无字寄乡篱。
孟秋宁月青河断，季夏和风白露稀。
末路人情难织梦，初程客意易添衣。
凄然自任巫山老，落纸云烟不可期。

英 雄

北望关山渡野鸢，山河静候战云前。

连边杀气成扬越，满地车尘辗回旋。

北地烽烟常带笑，中原霸主未扬鞭。

新亭对景笙歌冷，负剑狂夫有谁怜？

秋醉山林

空山又得见，水冷路纤纤。
凌云处后深如晦，眉画入时柔似春。
羊肠小道野草疯，人来不得鸟声浓。
才惊向晚初生露，一树寒鸦厌枯荣。

慢拈秋草看闲云，云色渐冷渐纷纷。
只缘不得钟声应，凡心未尽欲招魂。
孤华一叶浮江山，晚来微雨带秋蝉。
谁言只有卿绝色，阴风断草忘乡关。

青岁·微曦

白云影里，藏不住苍凉的月色，
繁华镜内，留不住照影的青鸾。
流光总易度，幻影亦非坚。
回忆只仿佛空谷的幽兰，落满默默的清欢。

烟花巷外，挥不去苍白的流响，
宿鸟声中，听不见呓语的阑珊。
凡心仍未尽，圣果也难圆。
超脱仅限于微微的怵动，惊起满脸的风寒。

深冬的雪

重重的雪掩盖了归乡的消息，
夜夜半送半留归，三更时分的行人，
都带有萧瑟与怯意。
在白天，也不缺少霓虹暗语、儿女情切，
但这样的美丽像是藏在阴影里。

此时我亦知晓，雪花正静静飘零，
在行人的身边滑落后悄悄隐去。
我亦明了，古寺的积雪挡不住香火有缘人，
牵引着许多漫漫的归期。

一个人的名字带着冬的含义，
年轻的心随之飘扬而起，
都说过雪，都看过雪，
可这四处落雪的季节，从来就没有切身的亲善。

那虚拟的雪免不了单调无味，
怎能像窗外的雪一样寒透心扉，
只能在夜归的路上，在朔风暗云下，
在满天雪影里，盼望无悔！

说寂寞

谁也不知道你受了委屈
谁又能接受你单薄的情谊

伤心之处　黯然无语

一间茅舍　一幕黑夜　一盏油灯　一本旧帖
托着悲与喜
一路的日子　像春草般成长的青色忧郁

爱上独处　爱卜孤独
宁勿相信谁　梦系故纸堆

逃课之行

夕阳混杂着深沉的冬云，
一天的温暖让每一个人都异常安静。
我亦漫无心，林间的花楸因此凋落得一无所剩。

躺在干枯的野草间独自看天空，
天宇深处，只有厚厚的惨重。

那一株株野草，
面对天空时如旷远一粟；
疏离红尘，逝水依旧，
即使卑微的存在也是英雄的孤独。

往 昔

阴雨天
行人依稀
深深坠伞檐
小河涓涓
飞鸟欲诉却无言
孤影逐云烟

遥想瘦竹翩翩影
回首又是凡尘间
此时
你宛如枇杷一般寂寞
一笑中
荷花水影也千年

夕阳下

寂寞的蝉儿，送走了晚霞
每个闲静的时候，总碰上夕阳西下

记得那张模糊的容颜，接着篇篇低落的宋词
延长断续的青春，为你写下一纸平淡

度过了一天的重烟暗雨，索然的样子倚在黄昏的屋檐
想你人面桃花款款关切，天边的云霞便垂下了寥然，视野平
　静、幽暗

长长的笔墨，落尽了一季的秋毫
山中无日月，焰火也百般安宁
这时候才发现写下的灿烂，那是别人的讪笑

六月即兴

这是清蒸滋味，
烤炙得时间和许多人一样迟钝了。
已晃过几番光景，频频点头的陶醉里，
书声像人心一样漠如烟灰。

迷离中的惆怅，迷离中还是会因为辜负讲经人而惭愧。
默念着下一分钟不再睡，只留一分钟让自己睡，好难下这一
　　个决定，
等啊等，最后等得让阳光都已疲惫。

一帘春梦夕阳下，汗流恰似盈盈泪。
铃声的清醒，想窗外刚来的清风，
愚钝的心开始萌动。

课下的路花海梦河，夕阳云彩，有恍如隔世的模糊年代，脸
　　上汗水理出的小路，看不到一株芳草，晚霞照过的时候，
　　满是失落的滋味。

深冬旧夜

每天都很浪漫，每个夜晚都有烛光晚餐；
每回寂寞都有笛声相伴，每天视野都是寒雪满山。

放下笔也是沉沉的黄昏，雪还在檐边奏着融化的心声；
独自在空屋里对着字迹模糊的书卷，
便成了新年里最低沉的剪影。

红豆样子的油灯照亮了深冬的每一个夜晚，
桌边的纸页显然与学习无关，

像是坐在心灵的某个角落，
听着雪地风声，
把希望的心绪缕缕吹干。

夏天柔媚

淡色的云霞成了青空的伴娘
每一天都在迎娶着朝霞和夕晖

抚着一片青色的玉米
仰望的离魅收入了上天的影集

学着学着在指缝间看青山泼墨之意
云色渐纷扬　晴媚渐远

夏草丛中艳阳影里
牵牛花蜿蜒曲折
草色渐葳蕤　知了沉吟

新年旧梦

新年的钟声开解在暗云深处而青灯自苦，
旧时的烟火无关山村的日月只遗落几缕烟迹。
识面的春风同我的思念一样落在陌生的角落，
在竹林边的挽留只留下一山暮雪。

风中的管弦在曼舞的雪花中寥落寥落，
云间的白鸟在似水的年华里寂寞寂寞。
犹记得那个夏日闺中风暖，
而如今只妆台月冷霜风萧索。

雪　山

凄风冷雨的天气，送走了山间的牛马、湿漉漉的枯禾，在风中苦苦地等待。寒鸦的声音落在禾秆上，看着空空如也的禾苞，叨念着秋天时分黄灿灿的果实。

在云幕昏淡的冬季，我看到了冰山在渺云中的迷惑。是镰刀与火种载满了记忆，是融雪的河中那刺痛春天的冰凌，守不来烟花的三月。云舒云卷，在雪花与烟火中一遍又一遍；晨钟暮鼓，碰落了泪洒斑竹的雪花。

山间的古寺也看不到飞逝的时光，虔诚的香火缘客，膜拜着拈花微笑的泥偶。泥偶坦然的笑容对着遥遥万里的雪山，相互之间看谁先等到凌波仙子一般的明月。

野花开了，南雁也躲过了梧桐叶下，青山告别天堂，悄悄地结束了无言的岁月之争。

寺中的经课还没有做完，我就抛弃了木鱼青灯，在自己梦中的失意者，踏上了春汛满河的航程。不永久的云霞，总在绝迹的道中，从那以后，生命的一切像是依靠这个凄美的念头：把桃花画在荒冢，把美人送上孤舟。

此时品读夜的一泓幽潭。万籁无声的风过之声，不像是雪山上懵懵懂懂的年华。心，沉静到混沌之初。

烟 花

烟花也是多年的寂寞
过程不是光焰的永恒
而是寂寞在凄丽中永恒
一种日子
两种天差地别的心情
一种是在长啸中绽放
一种是在昏黑中冰冷
就在这两处茫茫里
只看着长长的一生寄欢喜于一片短暂的烟花
思忆着繁华的背后也有寂寞的根
边缘处的风声也在呜呜颤抖着
为流光溢彩后的空寂寻找一份慰问

夜　风

无家的是高风，

整个夜都在呼唤不愿动的彤云。

风过了一路又一路，

彤云还是弥漫在这小小的乌蒙峰岭中。

经过了几天的阴雨，

望中的日子多了沉重，

远山的林木上，

我无缘再看到凤蝶儿翼上的露珠，

只好独立在秋草上，

看孤零零的秋雁，

遗落霜降的消息。

乌蒙风吹起了满山的烟云，

潮湿的空气有万物寂灭的声音。

独坐在黑夜里难以入睡，

默念着明天不知道有多少黄叶憔悴在门口成堆。

瑟瑟的冷意萦绕着单薄的秋衣，

清苦的一切中，

竟忘了被风撕破的芭蕉也比我寂寞。

在乌蒙风中，我成了一个站在烟水边缘的人，反复吟唱着没
　有经历过的生活。

一尺闲愁

阴沉的天气
掩过了仲夏的习惯

日子很平淡
不再精彩
岁月总迁流
持续的经历变作了记忆的片断

小鸟也归林
蝙蝠绕天飞
北窗之下
难解黄昏

遗落的感情

情感化作了沉默
彼此之间都成了沉默的过客

绕过风轻云淡的山冈
我们又是陌生人

请问
这春风吹开了桃李
能否复苏
——这段遗落的感情

遗忘在雨季

雨的清晨，天空弥漫着暗淡，有一些无从说起的心迹；
雨的花朵，孤独幽然地开，也无人会意。

微雨山塘上，透过斑竹的间隙；
看到的，只有属于一个人的雨季。

行人绝迹的老墙下，草色凄迷；
那静置的露水，莫非是青鸟的泪滴。

留给雨的迷蒙里，永远带着委婉的情节；
我深深地感受自己：
虽然只是过客，但是同样害怕被人忘记。

雨

一

雨打芭蕉的声音　翻过了季节
引得多少人倾听　秋日绵长的深意
暗云苍山　天地朦胧无边
善男信女　心中有一片宁静的秋叶
雨的青草池塘　有凄哀的沉醉
雨的桂花宛如泣　暗香无觅
雨中飘来了悠悠的凉风
檐下人的眼眸　有被风勾留的痕迹
时间凝成了回忆
雨中孤零零地守望　蓑衣斗笠

二

雨又冷在暮春时分
冷得天地只剩下一片苍茫
在风吹雨斜伞影沉浮的路上
每个人都尘封了一样
我孤独的影子
也带着一路的惆怅

人间烟火消失在车鸣马乱的方向
映山红抛洒着雨季的忧伤
我无法把凄迷的艳丽演绎得如此委婉
只有让雨水的尘埃虚掩模糊的时光
而一路上的伞影依旧来来往往
一朵朵雨花溅成幸福的模样

重　复

涧边的流水失去了冰凌的驻足，
老墙边的清风找到了初夏的温度。
艳丽的飘缎染上了风中的尘土，
新春的光华掩不住旧梦的朴素。

绕指而过的岁月没有灿烂的回顾，
重复的日子流连着诗里的冰心玉壶。
在春天的这一刻灵魂并没有复苏，
阳光的背后藏着你绝美的孤独。

阳　光

（一）

掬一捧山岚洗去惆怅，冬日的阳光，便由此绽放。被房屋挡着不惹眼的地方，看着被阳光着色的秋草，舞着被秋色抽空的眸子，像是正午时分的那个街口，那一曲绝响。随意散落的情节，是那一坡尽落的枫林，虽几经流失，朔风终掩不住那固有的张扬。

（二）

阳光翻过了那泛着黯淡的山峦，像是夏日的微风吹起女孩的长发，绕过了耳际，过客掠眼之时心自摇曳，此时内心深处涌出了不安分的情愫。一个人站立的风景之中，藏着难言的彷徨。因为那缥缈虚无的流光幻影，守不住太多美丽的含义，年青的鬓发便长满了被风水侵蚀的苍凉。

（三）

傍晚灰蒙蒙的阳光斜过笔墨浓重的山头，笑容迎着老屋顶上的炊烟，炊烟用那委婉的身影模糊了千世的流浪。而后是邻家灯火寂寞的颜色，清风明月苦相思，迷人的思妇满是诙谐的张望。

孟 春

雨色蓄满了孟春的天空，
低调着分开了深情的面孔。
季节不甚分明的过往里，
宿梦被描摹成一味的朦胧。
喜欢这短暂的流光里拥有别样的生活，
在碧青的苍翠的岁月里懂得尘世的快乐。
好喜欢看到你在角落处黯然起舞。
好像在陌野的长蒿里袅娜出流连的笙歌。
透过迷离的冥想发现有一朵花静寂若闻，
但你走的时候并没有带走那件美丽的嫁衣。
或许只因你是冬风的女儿，
碧海的潮声中找不到你青葱的岁月。

放　逐

尘海陷落了，留下满天的伤逝，
驿路流连着，司春的信使。
疏帘轻卷处，如水明澈的伊人看不到关山月冷；
劫火弥漫的埃土之上，无数人还倾听着人世那错误的释义。
就在无始无终的过往里，短径的灯火在深深的夜色里起伏。

寥落的空廊之下草色凄迷，春来的燕子也忘记了归期；
它或许还留在南国的青天碧海上，等待那一声杜宇轻啼。
墨色的轮廓早已模糊了青山的乌意，多情的你却看不见素旧
　的春间明月；
其实我们都生活在尘世花开花落的演绎里，在放逐着认为毫
　不关情的季节。

相　见

旷野的天空弥漫着冬云的愁色，
孤居的烟火掠过了沉静的草堆。
听惯昔日你落在山边凄艳的歌唱，
竟忘了山的这边还浸浇着上古的时光。

恍若隔世的错觉产生在见面之时，
隔山隔水的思念无关今生与前世。
你的颜色散落在蜀井的梦里，
那相见的日子只是洒在斑竹上的回忆。

回　头

远水近堤，一座浑然天成的城市，
群峰如簇，用的都是老化的意境，
悠悠东逝水，风光早被来往的船影占尽。
在无数个霓虹绽彩的夜晚，我进入了地球的阴暗面。
这样清正的目光，或多或少表达了一些不同于秋天的萧瑟；
在这样的生活里，我了解了苦果总要挂上善感的人。

极目遥天，苍穹遥远得这样美丽；
山雨倾盆，在火炉边从未有过这样近的距离，
声声杜鹃啼，为一个夜行人哭了一个季节仍不歇。
有欢笑成全了醉意的世界，有风过得如岁月无痕。
与其这样费心去绕这样烦人的心结，不如一刀斩断这样比白
　　绫更可畏的心情。
从此不渡思想中浩渺的烟波，三更灯火五更鸡。

2006 年 11 月

游园偶感

红墙叶落，三尺道口，
满眼清秋似水凉；
蔽天浮云，日月无踪，
雁迹声残南道中；
月华渡口，云游归去，
寺门长锁铁印红。

2006 年 11 月

画中人

望眼。
幽暗中，灰昏雨。
将倾圮的墙；
小径，长满野草。

深谷。
晨烟里，破落茅亭。
露宿野草花，
初开之霁一般。

2006 年 12 月

善变寒枝

问一问来年的旧事，还有许多的意味在冰凝。
那播撒下去的树籽，
已不知在山中伴着哪一片月影水声。
阴沉的声调感染着远到的雪风，
望一望乌蒙的云彩，已是繁华凋尽。

总爱在雪原中独处，悠悠旷野中，
看不到人的用心，寻找原始的静美，要有一份贫瘠的世情。

做足了绝世隐者，又坦然面对人海的缤纷。
湖光秋月契合成玉壶冰心，
只因一种善变的疑魂。
善变不分春秋季节，
还要生物钟顺着时间前行。

元宵夜

半个季节，更胜过半生。
日复一日的独处，想有却又不愿意的疑问；
这样在烟火与孤山中间，左右都难舍难分。

南窗是烟火，开放的刹那间，数不清多少精彩纷呈，
北窗是上弦月，怅望在岁暮中的冰凌。
在深幽的天宇深处，隐隐有微微叹息的声音。

二〇〇七年正月十五

涅　槃

关上另一个维度的门

于是自己在隔绝了早春的时节里

不闻花开的声音，也不觉香草的气息

日子如平静的香火，燃不起红硕的相思；

心扉似秋间的平湖，难有过淡意的微澜。

虽然千林之外的黄昏穿过异域的花香款款而来；

虽然一墙之隔的清风明月有它那让人迷恋的凄清悲婉。

但什么地方都免不去一样的寂寥，

形单影只中只拥有自己，所以默然……

2007 年 3 月 23 日

责　任

穷乡僻野，为一个无聊的故事而努力，
为失去的灵翅而哭泣。
刻意而来的要求，过后便一无所有，
胜地重游，感叹着回忆中的繁华，
孤山复雨，凝望着来年里的山沟。

只为了一朵轮回到来世的花朵，
把一束冰凌送到春天的尽头。
幻化到了最后，锋刃已经温柔，
可是，一切已到了来世的门口。

2007 年 4 月

雨

在酷夏里畅快淋漓的雨，
引来湿润的风，
带来沉积了多少天的燥热。

有好风拂面，
望阑珊夜色，
眉宇之间的解脱若金风玉露一样醉人。

那斑竹黑色的影儿与雨露共奏着清脆的声韵，
在白日的灼炽下沉寂的生命又在凉意里重生。
不愿坐在浩瀚无极的卷帖中，
只愿在雨凉风悠的夜里谛听缥缈的幽情。

昨夜黄粱莫轻弹

长街夜冷，行人颜色不可知，
明霓暗影，徐行意俱迟，
酒瘾迷糊翩翩量步，小鸟依人人静最逢时。

小镇街头非不夜，看似无人欲闭门，
只是歌台虚前席，凄凄故作断肠声。

秋山月华暖，夜夜只留半清辉，
处落边缘本无事，讪讪徒笑世人痴，
月子冷落街灯后，只为凭栏不举杯。

男儿寂寞本无常，只因家国最思量，
想让江山识刀剑，千里平原绝兵荒。
独自英雄处，月也到中秋，
人依旧，只影轻弹日悠悠。

失落的卷叶

当日的际遇，就像一头向晚时分疲惫不堪的耕牛，
在暗林边听过黄鹂鸟的歌声。
你那艺术的蓓蕾，总是像在晨烟重露中的样子，
真的害怕哪一天，世俗的尘埃，停留在你的身上，
不会是那清水芙蓉的时候，
不会在无意中递过秋水平湖一样的目光。
我深深地知道，我的生活不属于那一处花香
……关于花开的话题

前　夜

黄昏的青山成了淡意舒卷的背景，
看在眼里怅然而又安宁，
深深的恨浅浅的表情，
有些无关风景的失败与功成。

与梦结缘后
别样的命运，锁住初秋时分作茧的雨蝶，
爱上平淡，爱上旧书间深蕴的香味，
相思的灯火与寂寞保持着距离，
寥落的山雨倾注着漫天的古意。
坐落的时节，**蘋花已白**，款款的桂树楚楚伤情，
客人的容颜，为此沉默安宁。

图书在版编目（CIP）数据

林中歌 / 晋家孟著. -- 武汉 ： 长江文艺出版社，
2024. 11. -- ISBN 978-7-5702-3757-9

Ⅰ. I227

中国国家版本馆 CIP 数据核字第 20248CD179 号

林中歌
LINZHONG GE

责任编辑：王成晨　　　　　　　　责任校对：程华清
封面设计：李　鑫　　　　　　　　责任印制：邱　莉　王光兴

出版：长江出版传媒　长江文艺出版社
地址：武汉市雄楚大街 268 号　　　邮编：430070
发行：长江文艺出版社
http://www.cjlap.com
印刷：武汉中科兴业印务有限公司

开本：880 毫米×1230 毫米　　1/32　　印张：8.25
版次：2024 年 11 月第 1 版　　　2024 年 11 月第 1 次印刷
行数：4361 行

定价：46.00 元